Adomeit/Hähnchen

Rechtstheorie mit Juristischer Methodenlehre

Klaus Adomeit/Susanne Hähnchen

Rechtstheorie mit Juristischer Methodenlehre

7., neu bearbeitete Auflage

C.F. Müller

CFM

Klaus Adomeit, geb. 1935 in Memel. Nach Studium in Göttingen und Heidelberg (dort Promotion 1960) 1968 Erwerb der Lehrbefugnis an der Kölner Rechtsfakultät für Allgemeine Rechtslehre, Bürgerliches Recht und Arbeitsrecht. 1970 Gründung der Zeitschrift „Rechtstheorie". Seit 1975 Professor an der Freien Universität Berlin, ab 2000 als Ruheständler. Festschrift 2008 („Gegen den Strich").

Susanne Hähnchen, geb. 1969 in Berlin-Pankow. Ab 1990 Studium an der Freien Universität Berlin, Referendariat, 2001 Promotion bei Uwe Wesel, 2007 Habilitation (Lehrbefugnis für Bürgerliches Recht, Römisches Recht und Privatversicherungsrecht). Seit 2010 Professorin in Bielefeld (Lehrstuhl für Bürgerliches Recht, Deutsche und Europäische Rechtsgeschichte sowie Privatversicherungsrecht).

Bisherige Auflagen der „Rechtstheorie für Studenten":

1. Aufl. 1979	5. Aufl. 2008
2. Aufl. 1981	6. Aufl. 2012
3. Aufl. 1990	7. Aufl. 2018
4. Aufl. 1998	

Spanische Ausgabe: „Introducción a la Teoría del Derecho", übersetzt von Enrique Bacigalupo (Ordinarius für Strafrecht an der Universität Madrid und Richter am Obersten Gericht), Madrid 1984 (Civitas).

Weiterer bei C.F. Müller erschienener Titel von *Adomeit/Mohr*, Rechts- und Wirtschaftsphilosophie, 4. Aufl. 2018

Weiterer bei C.F. Müller erschienener Titel von *Hähnchen*: Rechtsgeschichte. Von der Römischen Antike bis zur Neuzeit, 5. Aufl. 2016.

Bibliografische Information der Deutschen Nationalbibliothek

Die Deutsche Nationalbibliothek verzeichnet diese Publikation in der Deutschen Nationalbibliografie; detaillierte bibliografische Daten sind im Internet über http://dnb.d-nb.de abrufbar.

ISBN 978-3-8114-4644-1

E-Mail: kundenservice@cfmueller.de

Telefon: +49 89 2183 7923
Telefax: +49 89 2183 7620

www.cfmueller.de
www.cfmueller-campus.de

Satz: Gottemeyer, Rot
Druck: CPI Clausen & Bosse, Leck

Vorwort

Viele Studierende haben die (frustrierende) Erfahrung gemacht, dass es nicht genügt, materielles (und Prozess-)Recht zu lernen, um gute Klausuren und Hausarbeiten zu schreiben. Dazu braucht es auch die Gutachtentechnik, zu der es zahlreiche Literatur (insbesondere in Fallsammlungen) gibt.

Dieses Lehrbuch ist als eine weitere Ergänzung des Studiums gedacht. Einerseits liefert es zusätzliches „Handwerkszeug", andererseits ein wenig juristische „Allgemeinbildung", also Nachdenken über den Gegenstand des Studiums. Damit dies alles nicht zu abstrakt ausfällt, werden so oft wie möglich Beispiele herangezogen, vor allem aus dem Zivilrecht, aber auch aus den anderen Rechtsgebieten.

Das Buch beginnt mit einer wissenschaftstheoretischen *Einleitung*. Darin werden die Besonderheiten der Rechtswissenschaft gegenüber anderen Disziplinen herausgearbeitet.

Teil I, die *Normlogik*, enthält in einfacher und knapper Form die wichtigsten normlogischen *Entwürfe* und Konzeptionen. Dazu gehört vor allem die klassische Lehre von den Normen, von Tatbeständen und Rechtsfolgen und von der Rechtsordnung als Stufenaufbau.

Teil II ist eine vereinfachte *Methodenlehre*. Die Relevanz entsprechender Kenntnisse ist Allgemeingut. Leider „fehlt" dann im Studium oft die Zeit, sich mit der Methodenlehre (ebenso wie mit anderen Grundlagen) wirklich zu beschäftigen, was eine fatale Einschätzung ist. Diese Zeit wäre effizient investiert, denn die Stoffmenge, die Studierende zu bewältigen haben, kann überwältigen. Da hilft nur gute Orientierung, die man eben nicht (nur) durch einzelne Informationen, sondern durch grundsätzliche Kenntnisse erhält. Erst einmal ist es wichtiger, Landkarten lesen zu können, als eine einzelne Gegend gut zu kennen. Später kann man sich dann freier entscheiden, an welchem Ort man sich niederlassen will. Wie man das Gesetz liest, einen Sachverhalt subsumiert, mit mehrdeutigen oder lückenhaften Texten verfährt – das alles wird hier an aktuellen Beispielen erklärt.

Aber selbst wenn man die juristischen Methoden beherrscht, bleibt immer noch ein Spielraum für subjektive Wahl und Entscheidungen. Das sollte man sich bewusst machen bzw. eingestehen. Jeder Mensch hat sein persönliches (politisches, moralisches) Vorverständnis, das er nicht ablegt, wenn er Jurist wird. Außerdem sind auch die Vorgaben, mit denen sie oder er arbeitet, also die Gesetze, aufgrund politischer Überzeugungen und Kompromisse entstanden. Um politische Grundpositionen geht es daher in Teil III, der *Rechtspolitologie*. Mancher würde diesen Teil als Rechtsphilosophie bezeichnen. Jedenfalls geht es um das konsequente Nachdenken über Grundfragen des Rechts. Und das haben schon die griechischen Philosophen und die römischen Juristen sehr intensiv getan. Ihre Gedanken erscheinen erstaunlich aktuell, besser: zeitlos.

Die verschiedenen Teile des Buches bauen aufeinander auf, können aber auch separat gelesen werden. Die *Normlogik* zeigt Strukturen und Zusammenhänge. Sie will aber keine offenen Rechtsfragen beantworten. Dies gelingt eher der *Methode*, bei korrekter Anwendung ihrer Regeln. Die verbleibenden Zweifel lassen sich mit der *Rechtspolitologie* genauer analysieren. Entscheiden muss zum Schluss immer derjenige, der dazu berufen und für diese Entscheidung verantwortlich ist. Dieser Verantwortung sollten sich schon Studierende bewusst werden.

Nicht in dieser Rechtstheorie behandelt werden die von der *Soziologie* ausgegangenen Strömungen. Über die marxistische Rechtstheorie ist bis zur 4. Auflage das Nötige gesagt worden, der umfassende Wahrheitsanspruch dieser Lehre wurde zurückgewiesen, inzwischen ist sie in der Versenkung verschwunden. Aber auch die „Theorie des kommunikativen Handelns" oder „Diskurstheorie" von *Habermas* trifft nicht den Kern unserer Aufgabe als Juristen. Diskurs als ein „hin und her gehendes Gespräch" macht den Reiz einer jeden Seminar-Diskussion aus, nur: es muss auch einmal entschieden werden.

Es ist die Überzeugung der beiden Autoren, dass die klassischen Lehren – von *Savigny* bis *Canaris*, von *Mommsen* bis *Uwe Wesel*, von *Radbruch* zu *Vittorio Hösle* – erst einmal auszuschöpfen sind und den jungen studierenden Juristen auf dem richtigen Weg halten.

Der Begründer dieser Einführung in die Rechtstheorie *Klaus Adomeit* hatte das Buch bis zur 4. Auflage fortgeführt. Mitautorin *Susanne Hähnchen* bringt seit der 5. Auflage vor allem in dem von ihr betreuten Teil II *Methodenlehre* Erfahrungen aus frisch gehaltenen Lehrveranstaltungen ein. Sie dankt ihrem Lehrstuhlteam für die ständige, großartige Unterstützung; für diese Neuauflage seien namentlich Frau stud. iur. *Wanessa Straus* und Herr wiss. Mit. *Ingmar Matzen* hervorgehoben.

Berlin, im Frühjahr 2018

Klaus Adomeit
Susanne Hähnchen

Inhaltsverzeichnis

	Rn.	Seite
Vorwort		V
Wissenschaftstheoretische Einleitung		
1. Was heißt „Theorie"?	1	1
2. Was ist „Recht"?	5	3
a) Das Recht und die Gesetze	6	4
b) Recht und Rechtswissenschaft	9	5
c) Das Recht und die Gerichte	11	6
d) Recht und Öffentlichkeit	12	7
e) Modell der Wechselwirkung	13	8
f) Zur Arbeit der Dogmatik	15	9
Teil I **Normlogik**		
1. Was sind Normen?	19	13
a) Rechtsnormen als Rechtsfolgeanordnungen	19	13
b) Normen und Sanktionen	21	14
c) Spielregeln, Bräuche, Sitten	23	16
d) Rechtsnormen und Gesetzesnormen	25	17
e) Das Sollen	26	18
2. Probleme der Normerkenntnis	29	19
a) Norm und Wahrheit (Die Zertitäts-Theorie)	29	19
b) Wahrheitsbegriffe	31	21
aa) Wahrheit kraft Definition (D-Wahrheit)	32	21
bb) Logische Wahrheit (L-Wahrheit)	36	24
cc) Empirische Wahrheit (E-Wahrheit)	39	26
3. Der Weg zum juristischen Schluss	40	27
a) Das Aussagenquadrat (Aristoteles)	40	27
b) Das Normenquadrat (J. Bentham)	42	29
c) Schlüsse (Der Syllogismus)	47	32
d) Typisch juristische Schlüsse und Schlussfehler	49	34
4. Der Stufenbau der Rechtsordnung	50	36
a) Verhaltensnormen	50	36
b) Ermächtigungen	51	36
c) Personal- oder Organisationsnormen	55	39

5. Elementare Zivilrechtstheorie ... 56 40
a) Subjektive Rechte ... 56 40
b) Hohfelds Theorie von Recht und Macht ... 58 42
c) Direktions- und andere Gestaltungsrechte ... 59 42
d) Vertrag und Privatautonomie ... 60 43
6. Geltung und Grundnorm ... 62 45
7. Zusammenfassung: 30 Lernsätze der Normlogik ... 63a 47

Teil II
Methodenlehre

I. Grundlegung ... 64 49
1. Römische Juristen zur Gesetzesauslegung ... 65 50
2. Friedrich Carl von Savigny (1779–1861): Die klassische Lehre ... 66 53
3. Verfassungs- und richtlinienkonforme Auslegung ... 70 58
4. Frisch gewagt ist halb gewonnen! ... 72 62
II. Empfehlungen für Klausur und Hausarbeit ... 75 65
1. Das Gesetz finden ... 75 65
2. Das Gesetz lesen! ... 82 69
a) Erster Ratschlag: Langsam lesen!. ... 52 69
b) Zweiter Ratschlag: Zäsur zwischen Tatbestand und Rechtsfolge beachten! ... 83 70
c) Dritter Ratschlag: Logische Struktur herausfinden! ... 84 71
d) Vierter Ratschlag: Sachlich angemessenste Reihenfolge festlegen! ... 86 73
e) Fünfter Ratschlag: Kontext beachten! ... 88 75
f) Sechster und letzter Ratschlag: Viel und oft Gesetze lesen! ... 89 76
3. Literatur und Rechtsprechung lesen! ... 90 76
4. „Entscheiden Sie sich!" ... 91 77
a) Der Weg zur freien Entscheidung ... 91 77
b) Begründung ... 95 80
III. Zusammenfassung: Über Auslegung von Rechtsnormen ... 96a 82

Teil III
Rechtspolitologie

I. Grundlegung ... 97 83
1. Die Wissenschaft von der Rechtspolitik ... 97 83
2. Die politischen Positionen ... 99 85

II. Die Alternativen 101 86
1. Der Anarchist und sein Feind: der Staat 101 86
a) Ziele des Anarchisten 101 86
b) Auf der Flucht 102 87
2. Freiheit und Ordnung 104 89
a) Solon und Lykurg 104 89
b) Platons Befürchtungen 106 92
c) Erziehung und Selbstbestimmung 107 93
d) Das Gleichgewichtsprinzip 108 94
3. Demokratie und Autorität 109 95
a) Aristoteles und der demokratische Sachverstand 109 95
b) Das Paradoxon der Demokratie 112 98
c) „Mehr Demokratie wagen!" 113 100
aa) Betriebe 114 100
bb) Unternehmen 115 100
cc) Universitäten 116 101
4. Gleichheit und Differenzierung 117 101
a) Platon und Aristoteles streiten sich über Kommunismus 117 101
b) Eigentum und Macht 119 104
c) Gleichheit als Frauenrecht 120 105
5. Der Staat und seine Feinde 121 105
a) Über Veränderung 121 105
b) Was heißt „Rechtsstaat?" 124 107
c) Die Verschwörung des Catilina 125 108
6. Abschluss: Über Gerechtigkeit 126 112

Antworten auf Fragen zur Vertiefung 116
Klassiker der Rechtstheorie 118

Stichwortverzeichnis 119

Wissenschaftstheoretische Einleitung

Literaturauswahl: *Adrian*, Grundzüge einer allgemeinen Wissenschaftstheorie auch für Juristen, 2014; *Braun*, Einführung in die Rechtswissenschaft, 4. Aufl. 2011, insb. §§ 27, 30; *Kaufmann*, Rechtsphilosophie, Rechtstheorie, Rechtsdogmatik, in: Hassemer/Neumann/Saliger (Hrsg.), Einführung in Rechtsphilosophie und Rechtstheorie der Gegenwart, 9. Aufl. 2016, S. 1 ff.; *Kuntz*, Recht als Gegenstand der Rechtswissenschaft und performative Rechtserzeugung. Zugleich ein Beitrag zur Möglichkeit von Dogmatik, in AcP 216 (2016, S. 866 ff.); *Neumann*, Theorien der Rechtswissenschaft, a.a.O., S. 351 ff.; *Potacs*, Rechtstheorie, 2015, I. Begriff (Begriffsbestimmung und Abgrenzungen); *Röhl/Röhl*, Allgemeine Rechtslehre – Ein Lehrbuch, 3. Aufl. 2008, insb. S. 79 ff.; *Rüthers/Fischer/Birk*, Rechtstheorie mit Juristischer Methodenlehre, 9. Aufl. 2016, §§ 1, 7.

Es gibt keine einheitliche Antwort (Definition) auf die scheinbar einfache Frage, was 1
Recht ist. Aber es ist ein guter Anfang, sich diese rechtstheoretische Frage zu stellen, mit der sich vor allem Juristen und Philosophen seit Jahrhunderten beschäftigen.

1. Was heißt „Theorie"?

Von den beiden Bestandteilen des Ausdrucks Rechts-Theorie sei zuerst der letztere geklärt.

Theorien gibt es in allen Wissenschaften als bewährte Instrumente der Erkenntnis.

Es beginnt damit, dass der um Erkenntnis bemühte Wissenschaftler eine Anzahl von **Objekten** vor sich hat oder vor sich bringt, denen sein Interesse gilt – seien es Pantoffeltierchen, isländische Sagen, Planetoiden, Kleinfamilien. Über diese seine Objekte macht er **Beobachtungen**, entweder durch schlichte Wahrnehmung, Sehen und Hören, oder mit technischen Hilfsmitteln wie dem Elektronenmikroskop. Solche Beobachtungen kann er sich einfach merken oder, um eine Stufe professioneller, ausformuliert festhalten (schriftlich, auf Band), wofür sich in der heutigen Wissenschaftslehre der Ausdruck **Protokoll** (Protokoll-Sätze) eingebürgert hat.

Da die Zahl der Objekte oft sehr groß und die Zahl der über sie möglichen Protokollsätze schier unendlich ist, müssen sich die Protokollsätze ordnen und vereinfachen lassen. Dies geht am leichtesten, wenn sich bei den Objekten gleichbleibende **(invariante)** Eigenschaften feststellen lassen, die deshalb in genereller Form („alle … sind …") protokolliert werden können. Eine solche Invarianz in ihren Eigenschaften weisen am deutlichsten die Objekte der Natur auf. Planeten z.B. – für uns zum Glück! – brechen nicht aus ihrem Gleichlauf. Wird eine Aussage über solche gleichförmigen Erscheinungen auf die höchsterreichbare generelle Form(el) gebracht, sprechen wir von einem **Naturgesetz**.

Der Ausdruck „Gesetz" wird in einem Lernbuch der Rechtstheorie noch oft – im anderen Sinn – fallen. Welche Parallelen, welche Unterschiede gibt es zwischen Naturgesetz und Rechtsgesetz? – Älter ist wohl unser juristischer Gebrauch (griech.: nomos, lat.: lex).

2 Dass selbst die Natur nach **(Natur-)Gesetzen** abläuft, ist eine alte, in der Menschheitsgeschichte lebhaft begrüßte Einsicht. Aber ob wirkliche Sicherheit erreicht wurde, ist oft in Frage gestellt worden, am empfindlichsten von *David Hume* (1711–1776), der den Induktions-Schluss aus 1000 Ereignissen (bei gleichartiger Konstellation) auf das demnächstige 1001te – mit Recht – für logisch unhaltbar erklärte[1]. Seit ihm wissen wir, dass sich unsere Naturgesetze nicht sehr von statistischen Regeln unterscheiden, sondern nur den Grenzfall der 100%-Wahrscheinlichkeit repräsentieren. **Beweisbar** ist ein Naturgesetz nie, man kann nur an zufälligen Beobachtungen oder methodisch geplanten Experimenten aufzeigen **(verifizieren)**, dass etwa der losgelassene Stein beschleunigt fällt, nicht, wie noch *Aristoteles* meinte, mit gleichmäßiger Geschwindigkeit. Dagegen ist ein behauptetes Naturgesetz (= eine Gesetzeshypothese) theoretisch mit geringem Aufwand zu widerlegen: durch auch nur ein einziges mit ihm unvereinbares Beispiel (falsifizieren; Falsifikation[2]). **Eine Ausnahme bestätigt nicht die Regel, sondern widerlegt sie.** Besonders *Popper* forderte von einem kritisch arbeitenden Wissenschaftler[3], seine Gesetzeshypothese so zu formulieren, dass sie leicht möglicher Falsifikation ausgesetzt werden kann – und nicht etwa sie dagegen zu immunisieren. Was in die Bücher der Wissenschaft an Gesetzen eingeht, ist bei bisherigen Prüfungen noch nicht falsifiziert: mehr nicht. Wir stehen auf dünnem Eis.

3 Immerhin hat – wie unsere Welt der Technik zeigt – die Erarbeitung von Naturgesetzen **Nutzen** gebracht. Wissenschaftstheoretisch wird dieser Nutzen in zwei Erscheinungsformen zerlegt: Erklärung und Prognose. **Erklärung:** A hat Fieber. Wie erklärt sich das? Es ist November. Grippeviren sind in der Stadt: A hat sich infiziert. Der Vorfall entspricht dem medizinischen Lehrbuch. **Prognose:** Staat S baut ein Atomkraftwerk. Es wird Unruhen geben. (Das sagt die Soziologie.) Es wird in den nächsten 100 Jahren zu mindestens einem Kernunfall kommen. (Das sagt ein Physiker.)

Verschiedene Wissenschaften haben es in der Kunst der Prognose verschieden weit gebracht. Sehr weit schon zu Urzeiten die darin unschlagbare Astronomie –: *Thales* von Milet soll die Sonnenfinsternis des Jahres 585 v. Chr. bereits vorausgesagt haben, bevor es dunkel wurde. Bei anderen bleibt jede Prognose ein Gutteil Glückssache –: in der Meteorologie, in der Volkswirtschaftslehre, in der Medizin (auch, was uns mehr betrifft, in der beratenden Jurisprudenz: „Diesen Prozess können Sie gar nicht verlieren!").

Erklärung und Prognose durch Naturgesetze sind übrigens kein der Jurisprudenz fremdes Feld. Dem Strafrichter wird am wenigsten erspart, sich aus Anlass wechselnder Fälle in immer neue Bereiche einzuarbeiten. Hier gibt es einen dritten Anwendungsfall des Naturgesetzes: den **Beweis** = eine nachträgliche Prognose. Beispielsweise aus Schmauchspuren an den Händen folgt, dass der Beschuldigte geschossen hat.

4 Weiter: da es erfreulich viele Invarianzen bei Natur-Objekten gibt, ist die Zahl der Naturgesetze unerfreulich groß, und die Aufgabe wissenschaftlicher Erkenntnis und

1 „Eine Untersuchung über den menschlichen Verstand" (Enquiry concerning human understanding), 7. Abschnitt: Von der Vorstellung der notwendigen Verknüpfung.

2 Beachte: verum = das Wahre; falsum = das Falsche: so einfach ist Latein! Vgl. auch *Adomeit/ Hähnchen*, Latein für Jurastudierende, 6. Aufl. 2015.

3 Kritisch arbeitet der Wissenschaftler, der sich mit den Fakten oder Argumenten, die *nicht* in seine Konzeption passen, besonders genau und liebevoll beschäftigt.

Darstellung verlangt eine noch stärkere Zusammenfassung. Gelingt es, eine Anzahl von Gesetzen einem einheitlichen Prinzip zu unterwerfen (aus dem dann weitere, natürlich erst verifikationsbedürftige Gesetze ableitbar sind), dann spricht man von einer **Theorie.** So folgen aus der Gravitationstheorie alle einzelnen Fallgesetze, aus der Theorie der Kegelschnitte Regeln über den Kreis u.ä., aus der Evolutionstheorie vielfältige biologische Regeln, aus Einsteins Relativitätstheorien eine Anzahl von Gesetzen, deren Verifizierung (Falsifizierung?) mangels geeigneter Beobachtungsmaschinen erst nach und nach gelang. Es ergibt sich als Schema der Entwicklung zur Theorie:

Objekte → Beobachtung → Protokoll → Gesetze → Theorie.

(Denkaufgabe: Welche Bedeutung hätten die Pfeile in jeweils umgekehrter Richtung?)

2. Was ist „Recht"?

Wo findet nun – im System der Wissenschaften – die Rechtswissenschaft ihren Platz? 5
Fragen wir nach ihren Objekten! Mit welchen Objekten beschäftigt sich der Rechtswissenschaftler? Mit dem **Recht** – im Singular – kann man sich mangels Greifbarkeit schwer befassen, sondern nur mit rechtlichen Einzelphänomenen. Ob aber ein Phänomen – dieser unbestimmte Ausdruck ist hier unersetzbar – ein rechtliches ist, also geeignetes Objekt der Rechtswissenschaft, stößt auf große Schwierigkeiten, die anderen Wissenschaften unbekannt sind. „Noch suchen die Juristen nach ihrem Begriff vom Recht" hatte *Immanuel Kant* nicht wenig maliziös notiert. Zwar lässt sich eine ganze Reihe von Definitionen zusammentragen. Etwa:

- „Das Recht regelt das menschliche Zusammenleben durch Gebote (einschließlich der Verbote) und Gewährungen ... (z.B. die Gewährung des Eigentums oder eines anderen Rechts)." *Enneccerus- Nipperdey*, Allgemeiner Teil des Bürgerlichen Rechts, Band 1, 15. Aufl., S. 196 (1959).
- „Jus est regula seu ordinatio & principium a superiori praescriptum, secundum quod actiones hominum instituendae, ut sint justae; vel secundum quod actionum bonitas & malitia, aequitas & iniquitas aestimatur. = Recht ist die Regel (oder die Anordnung, der Grundsatz), die von einem Übergeordneten erlassen ist, und nach der das menschliche Handeln sich zu richten hat, damit es gerecht ist; oder nach der die Güte und Schlechtigkeit, die Angemessenheit und Unangemessenheit von Handlungen beurteilt wird." *Georgi Adami Struvi*, Jurisprudentia, 10. Aufl. 1710, Lib. I Tit. II = „der kleine Struve" (Goethe) = der Alpmann des 18. Jahrhunderts.
- „(A) law may be defined as an assemblage of signs declarative of a volition conceived or adopted by the sovereign in a state, concerning the conduct to be observed in a certain case by a certain person or class of persons, who in the case in question are or are supposed to be subject to his power." *Jeremy Bentham*, Of Laws in General, etwa 1780, S. 1.
- „Recht: System der vom Staat festgesetzten Normen des menschlichen Verhaltens, in dem die bestehenden Eigentumsverhältnisse und die Interessen der ökonomisch und politisch herrschenden Klasse verbindlich fixiert werden." Kleines politisches Wörterbuch, Berlin (Ost), 1967.

Offensichtlich stimmen diese Definitionen nicht überein. Eine „Definition" (darin steckt finis = lat. die Grenze) müsste aber einigermaßen anerkannt sein und die Abgrenzung zu dem, was nicht Recht ist, leisten. Es gibt jedoch bis heute keine einheitliche Definition. Im Folgenden werden daher stattdessen die wichtigsten Akteure einer Rechtsordnung herausgearbeitet.

a) Das Recht und die Gesetze

6 Fragt man den Zeitgenossen, der kein Jurist ist, wie und wo man den Zugang zum Recht finde, wird auch er zuerst auf **die Gesetze** weisen. Und diese sind (heute) in der Tat die häufigsten Rechtsquellen, wenn auch nicht die einzigen (vgl. Rn. 8).[4]

Ein Gesetzbuch oder eine Gesetzessammlung (wie Ihr Schönfelder) wird, wenn überhaupt irgendetwas, Recht enthalten. Und noch mit dem Vorteil, dass Gesetze, anders als Objekte des Naturwissenschaftlers, nicht stumm sind, sondern bereits in sprachlicher Gestalt auftreten. Dann hätte der Rechtswissenschaftler eigentlich schon seine Aufgabe erfüllt, wenn er sich die Fähigkeit erarbeitet hat, Gesetze fehlerlos abzuschreiben oder vorzulesen. Jedes weitere Wort wäre überflüssig und im wahrsten Sinne des Ausdrucks il-legitim.

Der Gedanke, dass die Kommentierung von Gesetzen illegitim sein könnte, mag absurd klingen. Aber die großen Gesetzgeber der Geschichte – *Justinian, Friedrich II., Napoleon* – haben dies ernsthaft für ihre Schöpfungen durchzusetzen versucht – natürlich ohne Erfolg.

Frage 1

Welche Schöpfungen waren das eigentlich? Antwort unten S. 116

7 Dass Gesetze der Kommentierung bedürfen, beruht auf verschiedenen Gründen, denen nachgegangen werden muss. Einmal sind Gesetze oft unverständlich. Allgemein lässt Sprache meist verschiedene Deutungen zu. Mehrdeutigkeit, Ungenauigkeit und Veränderung erschweren das richtige Verständnis und dieses allgemeine Problem setzt sich bei der Anwendung von Normen fort. Ältere Gesetze gebrauchen veraltete Ausdrücke. Auch der heutige Gesetzgeber verwendet gern Worte, die kein Mensch benutzt (wie „unbeschadet des …“). Juristische Laien können Gesetze meist nicht verstehen.[5] Es gibt neben präzisen Gesetzesbegriffen, vor allem den quantitativen („Vollendung des 18. Lebensjahres“), eine Fülle von unpräzisen bis hin zu Generalklauseln wie „Treu und Glauben“. Und die Aussage über ein unpräzises Gesetz

„Dieses Gesetz ist unpräzise!“

ist zwar eine wahre Aussage, aber unbefriedigend und bestimmt nicht das letzte Wort. (Auf der anderen Seite ist fragwürdig, wie man ein unpräzises Wort des Gesetzgebers präzisieren kann, ohne Gesetzgeber zu sein.) Zugespitzter ist die Lage, wenn Widersprüche in Gesetzen auftreten oder eine Regel, die nach dem Sachzusammenhang auftreten müsste, fehlt (**„Lücke“** = eine „planwidrige Unvollständigkeit“, vgl. Rn. 49, 71). Es gibt

4 Rechtsquellen sind Entstehungs- oder Erkenntnisquellen des Rechts. Ausführlicher dazu etwa *Braun*, Einführung in die Rechtswissenschaft, 4. Aufl. 2011, insb. § 4; *Potacs*, Rechtstheorie, 2015, unter III. A.; *Rüthers/Fischer/Birk*, Rechtstheorie, 9. Aufl. 2016, § 6 und historisch *Hähnchen*, Rechtsgeschichte, 5. Aufl. 2016, insb. Rn. 4 ff., 148 ff.

5 *Limbach*, Die Sprache muss das Recht verständlich machen – Sprachzucht als Beitrag zur Demokratie, ZRP 2010, S. 61 ff.; *Schnapp*, Warum können juristische Laien Gesetze nicht „verstehen“?, Jura 2011, S. 422 ff.

ganze Lebensbereiche, die ohne Gesetze auskommen müssen – wie der Arbeitskampf – aber doch nicht ohne Recht sind.

Lösungen suchen Juristen vor allem in der Logik (Teil I dieses Buches) und der Hermeneutik, der Lehre vom Verstehen, insbesondere durch Auslegung (Teil II unter I.). Die Ergebnisse dieser Versuche sammeln Kommentare, um den juristischen Alltag zu erleichtern.

Weiter: es gibt Gesetze, die zwar dem Buchstaben nach bestehen, jedoch „obsolet“, **8**
d.h. in Vergessenheit geraten, aus der Übung gekommen sind. So waren nach einem früheren PersonenbeförderungsG Gespräche zwischen Taxifahrer und Fahrgast bei Buße verboten, aber Millionen solcher Gespräche sind ungebüßt geführt worden: war diese Vorschrift „Recht“? Dann weiß man auch, dass Gesetze für verfassungswidrig erklärt und aus diesem Grunde nicht angewendet werden, und theoretisch kann niemand bei keiner Gesetzesnorm sicher sein, dass sie nicht auch solches Schicksal erleidet. Schließlich werden Gesetze anderer Staaten oder vergangener Epochen **Unrechtsgesetze** genannt (z.B. das nationalsozialistische „Gesetz zum Schutz des deutschen Blutes und der deutschen Ehre“[6]), obwohl sie formal ordnungsgemäß verkündet worden waren. Also gibt es Gesetze, die nicht nur nicht Recht enthalten, sondern dessen konträres Gegenteil: **Unrecht**. Das Grenzgesetz der früheren DDR ist diesem Urteil verfallen (BVerfG NJW 1997, 929; genauer dazu unten Rn. 103). Damit ist jede Sicherheit dahin, das Objekt der Rechtswissenschaft (ausschließlich) in den Gesetzen zu sehen oder gar die Identität von „Gesetz und Recht“ (Art. 20 III GG) zu behaupten. Zwischen beiden steht ein notwendiger und kontinuierlicher Prozess kritischer Verarbeitung, der ohne Eliminierung, Fortführung und Ergänzung (in Fachworten: Restriktion, Auslegung, Rechtsfortbildung) nicht auskommt (Rn. 49, 71).

b) Recht und Rechtswissenschaft

Diese Leistung der Kritik wird von der Rechtswissenschaft erwartet. Auf der Suche nach **9**
dem Recht wird man, vor den Bücherwänden eines juristischen Seminars stehend, nicht ganz fehlgeleitet sein, auch nicht vor den entsprechenden (wissenschaftlichen) Online-Angeboten. Zwar findet sich hier nicht Recht, sondern Rechtswissenschaft, aber das, **wovon** Rechtswissenschaft berichtet, wird Recht sein, was denn sonst?

Nur wird der Benutzer unserer Seminarbibliothek bald in Schwierigkeiten geraten. Verschiedene Bücher werden ihm verschiedene Auskünfte geben, oft kontradiktorische. Nun weisen **Streitfragen** und Meinungskämpfe sonst nur auf den lebhaften Zustand einer Wissenschaft hin. Ob die Ilias einen einzigen oder mehrere Verfasser hat, ob alle Platon- Briefe von Platon stammen, ob die Kontinente sich wirklich verschieben, die Zahl der Elementarteilchen, das Alter der Erde, die Ursache (sogar schon die Tatsache!) der Erderwärmung und unübersehbar vieles andere ist strittig.

---

6 Allgemein zum „Recht“ im Nationalsozialismus *Hähnchen*, Rechtsgeschichte, 5. Aufl. 2016, Rn. 828 ff., zum Blutschutzgesetz (RGBl. I 1935, 1164) dort Rn. 851, 861 (mit Auszügen).

Aber juristische Streitfragen sind anderer Art als die unter Philologen oder Physikern. Besonders in den Natur-Wissenschaften haben Streitfragen prinzipiell klärbar zu sein, man würde sie nicht führen, wenn nicht die Hoffnung bestünde, durch neu entdeckte Fakten oder verfeinerte Untersuchungsmethoden **Beweise** für die eine oder andere Ansicht zu finden. Über das prinzipiell nicht Klärbare nachzudenken, gilt dort als unwissenschaftliche Spekulation.

10 Dagegen ist in der Jurisprudenz[7] nicht zu sehen, welchen **Beweis** ein Professor für seine bestrittene Ansicht bringen könnte. (Der Gesetzgeber ist es nicht. Durch ein neuerlassenes Gesetz wird eine rechtswissenschaftliche Diskussion weniger geklärt als abgebrochen[8].) Seine Ansicht kann sich „durchsetzen", wenn sie viele Anhänger findet und die Gegenseite müde wird, ihre Position zu verfechten. Für die praktische Orientierung ist es unentbehrlich zu wissen, ob eine **Meinung** „allgemein vertreten" oder wenigstens „herrschend", „überwiegend" ist – denn wer wird sein Verhalten auf eine „Mindermeinung" abstellen wollen?

Wissenschaftstheoretisch sind Abstufungen nach dem Grad der Akzeptanz aber belanglos. Über die Wahrheit kann es keine Abstimmung geben, nur über Willensziele, wie ja auch in gesetzgebenden Gremien abgestimmt wird. Dass die Jurisprudenz die ihr fehlenden Beweismöglichkeiten durch Aufnahme plebiszitärer Elemente ersetzt, lässt die Annahme zu, dass es in ihr nicht – nicht nur – um die Erkenntnis von Wahrheiten, sondern um Willensentscheidungen geht. Daher spricht man auch genauer von **Rechtsdogmatik** als von Rechtswissenschaft[9]. Sonst müsste man den Juristen für einzig allwissend unter allen Wissenschaftlern halten. Jeder Physiker wird ohne Zögern einräumen, dass es viele unbeantwortbare Fragen in seinem Bereich gibt, wohl mehr als beantwortbare. Im schärfsten Gegensatz dazu gibt es keine unbeantwortbaren Rechtsfragen[10]. Das Problem bei der Frage nach dem Recht liegt also nicht darin, dass die Antwort ausbleibt, sondern dass man zu viele unterschiedliche Antworten erhält und nicht weiß, woran man sich halten kann.

c) Das Recht und die Gerichte

11 Am ehesten an den **Richterspruch**. Während sonst jede Aussage über Recht an mangelnder Beweisbarkeit krankt, wird dies hier durch Autorität ausgeglichen. „Für Recht erkannt" wird der Inhalt eines jeden Urteils nach dessen Eingangsformel, in die durch das doppelsinnige „für" Fiktion wie Non-Fiktion passen. Die Vollstreckung durch Gerichtsvollzieher und Haftanstalten ist institutionell gesichert. Die Praxis, etwa die anwaltliche Beratung, hält sich mit gutem Grund an die höchstrichterliche Rechtspre-

7 Vgl. *Canaris*, Funktion, Struktur und Falsifikation juristischer Theorien, JZ 1993, S. 377 ff.

8 Laut *Kirchmann*, Die Wertlosigkeit der Jurisprudenz als Wissenschaft, 1848, werden durch „einen Federstrich des Gesetzgebers ganze Bibliotheken zu Makulatur", S. 23, Ausg. Klenner 1990.

9 Darüber *Jestaedt/Lepsius*, Rechtswissenschaftstheorie, 2008.

10 Der *Code civil* bedroht sogar den Richter, der sich einer Entscheidung entziehen will: „Le juge qui refusera de juger, sous prétexte du silence, de l'obscurité ou de l'insuffisance de la loi, pourra être poursuivi comme coupable de déni de justice." (Art. 4, *Verbot der Rechtsverweigerung*).

chung. Auch ein rechtsdogmatisches System, allein aus diesen Elementen entwickelt, stände auf tragfähigem Boden.

Dennoch wäre es falsch, die Suche nach dem Recht hier als endlich erfolgreich einzustellen. Für das konkrete Verfahren ist das richterliche Urteil (zumindest nach Ausschöpfung aller Rechtsmittel) das letzte Wort, nicht aber für das abstrakte Rechtsproblem, das in ihm aktuell wurde. Urteile unterliegen der Kritik. Die akademische Diskussion entbrennt oft erst *nach* einem Spruch des BGH. Und in seltenen Fällen gibt sogar der BGH seine Fehlbarkeit zu.[11]

Zuletzt ist daher an die Instanz zu denken, in deren Namen jedes Urteil ergeht: an das Volk. Urteile ergehen nämlich „Im Namen des Volkes" (§ 311 Abs. 1 ZPO).

d) Recht und Öffentlichkeit

Moderner klingt es, von der Gesellschaft oder wenigstens der **öffentlichen Meinung** zu sprechen, wozu dann auch die veröffentlichte Meinung, Tagespresse, Fernsehen gehört. Diese selbst nennen sich Medien – medium lat. ist, was in der Mitte steht – nehmen also für sich in Anspruch, das Gesellschaftsganze dem Empfänger zu vermitteln. Zwar finden Gerichtsverfahren sehr unterschiedlich und aus unterschiedlichen Motiven öffentliches Interesse, aber die – auch von der Gerichtsverfassung vorgesehene – Öffentlichkeit wirkt doch auf die Rechtsprechung ein, als reales oder gedachtes Publikum, vor dem Argumente und Entscheidung Bestand haben sollen. Das Internet bietet heute zusätzliche Möglichkeiten öffentlicher Äußerung. Zu Rechtsfragen haben nicht nur Rechtswissenschaftler etwas zu sagen. Der Laie, besser: der Bürger fühlt sich angesprochen, herausgefordert, zum Engagement aufgerufen. Das Moment der Leidenschaft, gelegentlich bis zum Fanatismus gesteigert, findet sich so wie beim Streit um Rechtsfragen nur noch – und nicht zufällig – beim Streit um Fragen der Politik. Man meint zu wissen, was „recht" sei (bonum et malum, das Gute und das Böse), spontan, unmittelbar, ohne Vermittlung durch Gesetze oder juristische Bücher und hat oft schneller eine Antwort bereit, als der Jurist, der noch nachdenkt. 12

Selbst wer den Mord bejaht (wie 1970 die Terroristin Ulrike Meinhof: „... natürlich kann geschossen werden!") und sich damit extrem weit vom Zentrum des Meinungsspektrums entfernt, pflegt andere Handlungen anderer empörend zu finden und anerkennt in dieser Attitüde das Grundprinzip des Normativen.

Der Gedanke vom **Naturrecht**, also einem Recht, das gelte, weil es der Natur des Menschen entspräche[12], hat zwar eine höchst reale psychologische Wurzel. Die Vorstellungen vom „richtigen Recht", von der Gerechtigkeit, gehen inhaltlich jedoch so weit auseinander, dass sie nur typologisch erfassbar sind (vgl. Rn. 127). Ihr Vorhandensein ist immerhin gemeinsamer anthropologischer Bestand. Jede nicht ganz immanente Urteils- oder Gesetzeskritik aktiviert ihn von neuem. Und es ist leicht zu sehen, dass im

11 Zu den „Zigeuner"-Urteilen *Mosbacher*, „Wie primitive Urmenschen" – eine späte Entschuldigung, NJW 2016, S. 30 ff. mwN der Rechtsprechung.
12 Vgl. *Hähnchen*, Rechtsgeschichte, 5. Aufl. 2016, Rn. 487 ff.

demokratisch organisierten Staat die Gerechtigkeitsvorstellungen über politische Wahl und Mehrheitsfindung auch *den Gesetzgeber* (!) determinieren. Denn zur Wahl steht nichts anderes als durch Parteien und beauftragte Personen repräsentierte Vorstellungen von richtigem Recht.

e) Modell der Wechselwirkung

13 Damit schließt sich der Kreis. Wir haben gleich vier Adressen erhalten, bei denen Informationen über Recht zu erhalten sind: 1. den Gesetzgeber mit seinen Gesetzen, 2. den Rechtsdogmatiker mit seinen Büchern, 3. die Rechtsprechung mit ihren Entscheidungen und 4. das Volk mit seinen Ansichten, also:

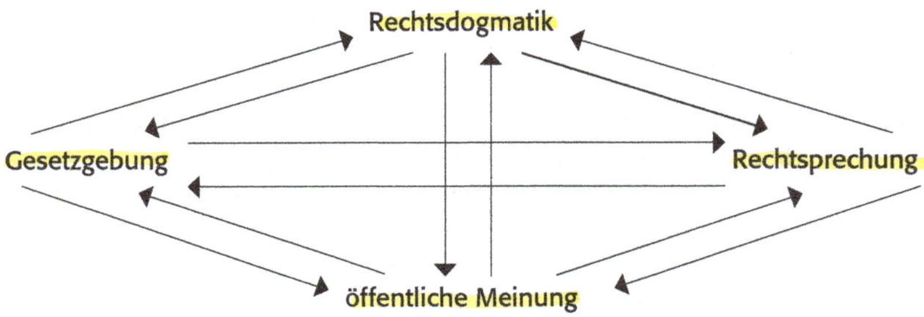

Jede dieser vier Instanzen wirkt auf jede andere ein, in verschiedener Art und verschiedener Intensität, aber doch (mit-)bestimmend. (Bitte prüfen Sie das für jeden der 12 Pfeile durch!) Die dem Modell zugrundeliegende These lautet: Weitere unmittelbare Rechtsbildungsfaktoren, außer den vier genannten, gibt es nicht.

Wo man beim Sammeln von Informationen beginnt, ist prinzipiell gleichwertig, man macht nur Fehler, wenn man eine Instanz vergisst. Das Produkt „Recht" oder „Rechtsordnung" entsteht in einem komplizierten Zusammenspiel aller Instanzen, in Wirkungen und Gegenwirkungen. Einen solchen Vorgang bezeichnen manche gern als kybernetisch, obwohl er gerade ohne kybernetes (griech.: Steuermann) abläuft[13].

14 Die Rechtsordnung ist nie systematisch geschlossen, sie unterliegt **ständiger Veränderung** und kann von niemand in ihrer Gesamtheit übersehen oder gar dargestellt werden. Geht man von einem Komplex von Informationen, die man gesammelt hat, zum nächsten über, so werden bald die ersten nicht mehr stimmen. Manche Veränderungen sind gar nicht beobachtbar, z.B. in der öffentlichen Meinung, die sich als überraschende Wendungen in der Rechtsprechung auswirken können („gewandelte Rechtsanschauungen"). Bei Konflikten zwischen den Instanzen oder innerhalb der Instanzen kann die getreuliche Antwort nach *dem* Recht oft nur lauten „Derzeit nicht zu ermitteln". Jedenfalls hat man zwischen sicheren Aussagen, halb gesicherten und nur mit größter Vorsicht verwertbaren Aussagen zu differenzieren. Die juristische **Beratungspraxis** kommt ohne Abstufungen dieser Art nicht aus.

13 Als Beispiel für die seinerzeit für wichtig gehaltene kybernetische Rechtstheorie: *Ballweg*, Rechtswissenschaft und Jurisprudenz, Basel 1970.

Frage 2

Den vier Adressen des Wechselwirkungsmodells entsprechen vier theoretische Positionen: 1. Gesetzesrecht, 2. Juristenrecht, 3. Richterrecht, 4. Volksrecht; zu verstehen jeweils so: „alles Recht ist …". Wann und von wem wurden sie jeweils vertreten? (Antwort unten S. 116).

f) Zur Arbeit der Dogmatik

Die größte Schwierigkeit liegt darin, dass die Beobachtung rechtlicher Phänomene immer schon durch die **Subjektivität des Beobachters** gefärbt wird. Denn Rechtsvorstellungen (ein Ausdruck, der dem sprachlich verbrauchten „Rechtsgefühl" vorzuziehen ist) trifft man nicht nur beim Mann auf der Straße, sie beherrschen noch stärker, gefiltert und methodisch kontrolliert, den Rechtsdogmatiker. Vom guten Richter sagt man, dass er ein gutes **Judiz** hat, und das ist die Vorstellung der überzeugenden Entscheidung, unabhängig von aller Gesetzes- oder Lehrbuchkenntnis, eine Gabe. Ohne diese Gabe ist ein funktionierendes Justizwesen, bei aller Gesetzesflut nicht zu denken (das „Vorurteil" in positivem Licht, Intuition als verinnerlichte Erfahrung). In der Juristerei ist, wie sonst nur noch in der Kunst, die volle Entfaltung der in dem jeweils einzelnen angelegten Subjektivität erstrebenswert, das Ziel. 15

Dies bringt nur den Juristen in Bedrängnis, der sich selbst als Rechts*wissenschaftler* bezeichnet und damit höheren Objektivitätsansprüchen aussetzt. Auch und gerade bei ihm wird die Tendenz stark sein, als Recht das zu erkennen, was er in Geltung sehen möchte, und dem Dogmatiker kann es (und darf es!) gelingen, sich diesen Wunsch nach Art der self-fulfilling prophecy selbst zu erfüllen: indem er literarisch **Einfluss** nimmt. Ein Lehrbuch des Schuldrechts verändert auch das Schuldrecht. Selbst wenn es keine neuen Regeln schöpft, wird es doch die Zertitätsgrade von Regeln verändern, z.B. eine h.L. etwas weniger herrschend machen. Denken Sie im Gegensatz dazu an ein Lehrbuch der Ornithologie, das die Vogelwelt unangetastet lässt.

Zum Wirken der Dogmatik ein **Beispiel**. Als *Rudolf v. Ihering* eines Tages (vermutlich im Jahre 1859) auf den Gedanken kam[14] 16

„Für **culpa in contrahendo** haftet man nach Vertragsgrundsätzen!",

war dies ein unerhörter, absurd erscheinender Gedanke. Wie soll ich einen Vertrag verletzen, den ich noch nicht einmal geschlossen habe? Schon bald danach hätte man mit dem Nicht-Wissen dieser Lehre im Referendar-Examen Anstoß erregt (vgl. heute § 311 Abs. 2 BGB). Wodurch der Umschlag? Manche sagen: Es war eben eine Wahrheit entdeckt worden[15]. Aber **juristische „Entdeckungen"** sind anderer Art als das Auffinden eines Krankheitserregers oder Spiralnebels. Wenn es damals einen Widerpart gegeben hätte, mit gleichem Temperament und ähnlichen literarischen Einflussmöglichkeiten, der rechtzeitig darauf hinweisen konnte, wie sehr dieser Gedanke nicht nur systemwidrig, sondern wertungsmäßig zweifelhaft war (ob ich einen Vertrag schließe, ist meine Sache – Vertragsverhandlungen kann mir ein anderer leicht aufzwingen; von einem durch Irrtum oder Täuschung herbeige-

14 Culpa in contrahendo oder Schadensersatz bei nichtigen oder nicht zur Perfektion gelangten Verträgen, Jahrbücher für die Dogmatik des heutigen römischen und deutschen Privatrechts, Bd. IV, 1860, S. 1–111, wieder abgedruckt im Verlag Gehlen ohne Jahrgang mit Nachwort *E. Schmidt*.

15 *Dölle*, Juristische Entdeckungen, Verhandlungen des 42. Dt. Juristentages 1957, Bd. II 1959, S. B1 ff., B 22.

führten Vertrag kann ich mich später rückwirkend befreien, durch Anfechtung – nicht aber von einem Kontrahierungsverhältnis), so wäre die neue Lehre wohl nach einigem Disput in der Versenkung verschwunden[16]. So aber durfte ihr Urheber zufrieden sein, und die einkaufende Hausfrau konnte sich mit dem dankbaren Ausruf „Rudolf v. I.!" von der Linoleumrolle umreißen lassen[17].

17 Daran wird deutlich, was die Rechtstheorie im Unterschied zur Rechtsdogmatik will. Die Rechtsdogmatik steht im Alltag zwar im Mittelpunkt der Rechtswissenschaft. Sie beantwortet die Frage nach dem hier und jetzt geltenden Recht. Der Rechtsdogmatiker hat seine Aufgabe jedoch erfüllt, wenn er die gesuchte Rechtsregel gefunden, entwickelt und angewendet bzw. durchgesetzt hat. **Die Rechtstheorie nimmt dieses sein Arbeitsergebnis zum Objekt.** (Während das Objekt der Rechtsdogmatik eigentlich nicht Normen, sondern Rechtsfragen sind.) „Of Laws in general", so lautet treffend das Hauptwerk *Jeremy Benthams*. Es geht darum, generelle Aussagen über das Recht (Rechtsregeln) zu erarbeiten, Gesetze über Gesetze. Rechtliche Phänomene weisen zwar nicht so viele Gleichmäßigkeiten auf, wie die so ergiebige Natur, aber auch nicht so wenige wie die so spröde Geschichte. **„Allgemeine Rechtslehre"** ist die ältere, im Grunde korrektere Bezeichnung. Dass sich die gewonnenen generellen Aussagen über Recht zu einer Theorie zusammenschließen, ist eine selten eingelöste Hoffnung. Am ehesten finden wir sie eingelöst in *Kelsens* „Reiner Rechtslehre" (1. Aufl. 1934, 2. Aufl. 1960), allerdings um den Preis großer Opfer, die ihm den höhnischen Vorwurf der „Rechtsleere" eingetragen haben[18]. Dass *Hans Kelsen* seine Rechtslehre plakativ „rein" genannt hat, geht auf *Immanuel Kant* zurück. Dieser sagt in der Einleitung zur „Metaphysik der Sitten" (1797):

> „Wir werden oft die besondere Natur des Menschen, die nur durch Erfahrung erkannt wird, zum Gegenstand nehmen müssen, um an ihr die Folgerungen aus den allgemeinen moralischen Prinzipien zu *zeigen*, ohne daß jedoch dadurch der Reinigkeit der letzteren etwas benommen … wird."

Wie bitte? Es lässt also die Berücksichtigung der menschlichen Natur, des Subjektiven, die **Moralgesetze** unrein werden? Obwohl für die Moralgesetze der einzige Beleg ist, dass „jeder Mensch …, obzwar gemeiniglich nur auf dunkle Art" sie in sich trägt? Selbst ein preußischer Staatsphilosoph wie *Kant* brauchte sich vielleicht so weit nicht vom Allgemein- Menschlichen zu entfernen!

Kelsen folgt den Weisungen *Kants* in seiner 1. Auflage zur „Reinen Rechtslehre" (1934). Er will

> „… eine reine, das heißt: von aller politischen Ideologie und allen naturwissenschaftlichen Elementen gereinigte, ihrer Eigenart … bewußte Rechtstheorie

16 *Canaris*, Die Vertrauenshaftung im deutschen Privatrecht, 1971, S. 532 ff. und JZ 1965, S. 475 ff. hatte gezeigt, wie weitreichend die Konsequenzen der c.i.c. für das Privatrechtssystem sind.

17 RGZ 78, 239; vgl auch *Adomeit*, Der Nicht-Abschluss eines schuldrechtlichen Vertrages und seine Rechtswidrigkeit als Diskriminierung nach dem AGG, in Aderhold u.a. (Hrsg.) FS Westermann 2007 S. 19 ff.

18 Vgl. *Klenner*, Rechtslehre, 1972 aus der Sicht eines inzwischen in der Versenkung verschwundenen orthodoxen Marxismus. Genauer *Adomeit*, Rechtsphilosophie, Marxismus und Menschenrechte, JZ 1998, S. 186.

… entwickeln. Von allem Anfang an war dabei mein Ziel: die Jurisprudenz, die – offen oder versteckt – in rechtspolitischem Raisonnement fast völlig aufging, auf die Höhe einer echten Wissenschaft … zu heben. Es galt, ihre nicht auf Gestaltung, sondern ausschließlich auf Erkenntnis des Rechts gerichteten Tendenzen zu entfalten und deren Ergebnisse dem Ideal aller Wissenschaft, Objektivität und Exaktheit, soweit als möglich anzunähern." (Vorwort)

Der letzte Satz wird als hieb- und stichfest wohl von jedem Rechtstheoretiker anerkannt. **18** Anders steht es mit dem Reinigkeitsprogramm. Eine Rechtsordnung ohne das Subjektive, allgemein gesagt das Politische, ist antriebslos, tot. Eine **Wissenschaft** über das Recht muss fragmentarisch bleiben, wenn sie einen Körper ohne Herz fingiert. (Umgekehrt hatte Kant gesagt: „Eine bloß empirische Rechtslehre ist ein Kopf, der schön sein mag, nur schade! dass er kein Gehirn hat".) Außerdem ist der Vorwurf rechtspolitischen Raisonnements gegenüber der Rechts**dogmatik** besonders unfruchtbar: denn die Alternative wäre **Begriffsjurisprudenz** mit versteckten rechtspolitischen Optionen oder, noch stärker abschreckend, ohne jedes rechtspolitische Gewissen. Noch nicht einmal die Rechts**theorie** darf dieses Element ignorieren, wenn sie „Recht" voll erfassen will. Anstelle der „Reinigkeit" kann noch eher *Max Webers* „Wertfreiheit"[19] als mittlerer Kurs gesteuert werden. Aber auch wertfrei ist missverständlich, weil von Werten oft die Rede sein muss, und die Ideen des Anarchismus oder – gegensätzlich – vom totalen Staat werden schon eine gelegentliche Meinungsäußerung vertragen. Gefährlich für die Wissenschaftlichkeit ist nicht das Subjektive für sich – sonst dürfte es keine Psychologie, keine Politologie geben – sondern allenfalls die ungezügelte Subjektivität des Denkenden. Unausgesprochen oder – besser! – ausgesprochen ist auch die Politik ein rechtstheoretischer Gegenstand, worüber sich die Autoren dieser Rechtstheorie wenigstens mit dem Kollegen *Rüthers*[20] einig sind.

19 *Weber*, Der Sinn der „Wertfreiheit" der Sozialwissenschaften, 1914, Abdr. Gesammelte Aufsätze zur Wissenschaftslehre, 3. Aufl. S. 489.

20 *Rüthers*, Zur Auslegungspraxis der obersten Bundesgerichte, JZ 2008, S. 446 ff.

Teil I

Normlogik

Literaturauswahl: *Adomeit*, Normlogik – Methodenlehre – Rechtspolitologie, gesammelte Beiträge zur Rechtstheorie 1970–1985, Berlin 1986; *Binding*, Die Normen und ihre Übertretung, 4 Bände, Neudruck 1965; *Braun*, Einführung in die Rechtswissenschaft, 4. Aufl. 2011, insb. § 11; *Bucher*, Das subjektive Recht als Normsetzungsbefugnis, 1965; *Engisch*, Logische Studien zur Gesetzesanwendung, 1943, 3. Aufl. 1963; *ders.*, Einführung in das juristische Denken, 11. Aufl. 2010; *Herberger/Simon*, Wissenschaftstheorie für Juristen. Logik, Semiotik, Erfahrungswissenschaften, 1980 (dazu *Adomeit*, NJW 1981, 213); *Joerden*, Logik im Recht. Grundlagen und Anwendungsbeispiele, 3. Aufl. 2017; *Kelsen*, Allgemeine Theorie der Normen, 1979 (aus dem Nachlass); *Klug*, Juristische Logik, 4. Aufl. 1982; *Patterson*, Recht und Wahrheit, 1999; *Potacs*, Rechtstheorie, 2015, unter V.; *Neumann*, Juristische Logik, in: *Hassemer/Neumann/Saliger (Hrsg.)*, Einführung in Rechtsphilosophie und Rechtstheorie der Gegenwart, 9. Aufl. 2016, S. 272 ff.; *ders.*, Theorie der juristischen Argumentation, a.a.O. S. 303 ff.; *Philipps*, Normentheorie, a.a.O., S. 291 ff. *Röhl/Röhl*, Allgemeine Rechtslehre – Ein Lehrbuch, 3. Aufl. 2008; *Rüthers/Fischer/Birk*, Rechtstheorie mit Juristischer Methodenlehre, 9. Aufl. 2016, §§ 4, 20-21, 23; *Schnapp*, Logik für Juristen. Die Grundlagen der Denklehre und der Rechtsanwendung, 7. Aufl. 2016; *Weinberger*, Rechtslogik, 1970; 2. Aufl. 1989; *ders.*, Norm und Institution, Wien 1988.

Juristen berufen sich gern auf die (logische, objektive) Richtigkeit ihrer Ergebnisse. Normen sind jedoch etwas anderes als Wahrheiten (Rn. 29 ff.) und die Anwendung von Normen auf den Einzelfall (Subsumtion) beruht zwar zunächst auf einfachen Syllogismen, wird jedoch ergänzt um (subjektive) Abwägungen und Wertungen. Bevor auf die methodische Aufgabe eingegangen wird, erfolgt hier eine Einführung in die (juristische) Logik, deren Kenntnis für die Anwendung des Rechts erforderlich ist. **18a**

1. Was sind Normen?

a) Rechtsnormen als Rechtsfolgeanordnungen

Eine jede Rechtsordnung besteht aus Rechtsnormen. Als einfaches Beispiel und Ur- **19**
Form kann dienen

(1) Du sollst nicht töten!

Normen sind Sätze der Sprache, gefügt aus Worten nach den Regeln der Grammatik. Sie treten geschrieben, gesprochen, zuweilen auch nur gedacht auf.

Der größte Gegensatz besteht zwischen Normen und Aussagen. Ein Satz wie

(2) Kain hat Abel getötet.

ist eine Aussage, beschreibt etwas, hat also rein **deskriptiven** Gehalt. Dagegen schreibt eine Norm nach Muster (1) etwas, nämlich ein Verhalten, vor, ist daher **präskriptiv**. Nicht alle Normen tun das so deutlich wie das Tötungsverbot in seiner Imperativ-Form.

Aber alle Rechtsnormen enthalten **Rechtsfolgeanordnungen,** die direkt oder indirekt auf menschliches Verhalten einwirken.

Verwirren darf nicht, dass manche Normen in scheindeskriptiver Sprache auftreten. Der Satz einer ungemütlichen Hausordnung

> (3) Ab 22 Uhr herrscht Nachtruhe.

ist erkennbar normativ. (Prüfen Sie bitte die Möglichkeiten der Umformulierung!) Auch will

> (4) „Die Würde des Menschen ist unantastbar." (Art. 1 Abs. 1 GG)

nicht eine (falsche!) Feststellung treffen, sondern, wie aus dem dann folgenden Satz deutlich wird, unsere leider sehr antastbare Würde in Schutz nehmen. Dagegen liefert

> (5) „Mörder ist, wer aus Mordlust, zur Befriedigung des Geschlechtstriebs usf. einen Menschen tötet." (§ 211 Abs. 2 StGB)

für sich genommen nur eine beschreibende Definition (**„Realdefinition"**), die sich etwa im Lehrbuch eines altmodischen Kriminologen finden könnte. (5) gewinnt seine Bedeutung erst mit

> (5a) „Der Mörder wird mit lebenslanger Freiheitsstrafe bestraft." (§ 211 Abs. 1 StGB),

also einer echten Norm.

Die Definition (5) war das Beispiel einer unselbstständigen Norm – andere Beispiele sind Verweisungen[21] –, die eigentlich nur aus Gründen kürzester Formulierung, der Übersichtlichkeit halber gebräuchlich sind. Die beiden Absätze des § 211 StGB lassen sich leicht in *einen*, freilich langwierigen Satz bringen. (Versuchen Sie das!)

20 **Achtung!** Der **Begriff der Rechtsnorm** im rechtstheoretischen Sinn reicht *weiter* als einzelne gesetzliche Definitionen! Z.B. § 2 EGBGB, § 550 ZPO, § 1 TVG. Rechtsnorm im theoretischen Sinn sind auch die Regeln eines Vertrages, die Anordnungen eines Verwaltungsaktes, also auch individuelle, nicht nur generelle Rechtsfolgeanordnungen. Mit „Rechtsnorm" soll die kleinste Einheit festgelegt werden, aus der sich eine jede Rechtsordnung zusammensetzt und mit der die Rechtstheorie operieren kann – wie ein Biologe mit der Zelle, ein Chemiker mit dem Atom.

b) Normen und Sanktionen

21 Jeder hat gesehen, dass wir es bei § 211 StGB mit einer **Strafvorschrift** zu tun haben. (An den Mord knüpfen sich auch zivilrechtliche Folgen, die Schadensersatzpflicht gegenüber den Angehörigen des Ermordeten, § 844 BGB). Die besondere **Rechtsfolge** der Strafe – wie auch die Schadensersatzpflicht – wird in der Lehre von den Normen

21 Ein besonders schlimmes Beispiel ist § 437 BGB, der die Rechte des Käufers bei Sachmängeln aufführt, mit nicht weniger als 11 Verweisungen.

Sanktion genannt. Sanktion ist eine negative (belastende) Rechtsfolge, die gegen den ausgesprochen und durchgesetzt werden soll, der ein Gesetz (eine Verhaltensnorm) übertreten hat.

Voraussetzung für den Eintritt einer Rechtsfolge (Sanktion) ist, dass alle **Tatbestandsmerkmale** der Norm erfüllt sind. Deshalb ist logisch zunächst eine nachvollziehbare Prüfung des Tatbestandes (z.B. des § 823 Abs. 1 BGB „Wer ...") erforderlich, bevor es Sinn macht, sich mit den Rechtsfolgen („Ersatz des daraus entstandenen Schadens", hier erst werden §§ 249 ff. BGB relevant) zu beschäftigen.

Fehlt eine einzelne Voraussetzung (Tatbestandsmerkmal), dann ist die Prüfung zu Ende und es kann nicht bestraft werden, kein Schadensersatz verlangt werden u.s.w. (vgl. auch Rn. 83 und 86).

Gegen welches Gesetz hat der Mörder verstoßen? Die naheliegende Antwort – gegen § 211 StGB! – kann so nicht richtig sein, denn diese Vorschrift ist schon die Sanktionsnorm, und ihr Adressat sind Funktionsträger wie Polizei, Staatsanwälte. Das allgemeine Tötungsverbot (1) würde weit eher passen, aber man wird im Schönfelder vergeblich danach blättern. Es findet sich zwar im Alten Testament (2. Buch Mose, Kap. 20), aber das Alte Testament hat bei uns keine Gesetzeskraft.

Daraus könnte man den paradoxen Schluss ziehen, dass der Mörder gegen überhaupt kein Gesetz verstoßen, sondern im Gegenteil ein Gesetz *erfüllt* hat, nämlich § 211 StGB. So weit geht *Kelsen* in der Tat[22]. Richtig ist es aber, mit *Binding*[23] anzunehmen, dass *jede* Strafvorschrift implizit (d.h. eingewickelt) das Verhalten verbietet, an das die Straffolge tatbestandsmäßig geknüpft ist. Danach wäre § 211 StGB zu lesen

(6) Mord ist verboten. Wer ...

Für diese Implikationslehre spricht, dass sowohl das BGB (§ 823 Abs. 1) wie das StGB 22
(§ 11 Abs. 1 Nr. 5) alle Verletzungshandlungen wie den extremen Fall des Mordes mangels besonderer Umstände als **rechtswidrig = widerrechtlich** ansehen. Die Norm, der *zuwider* gehandelt wird, kann nur die implizierte Verhaltensnorm sein. Auch in der allgemeinen rechtsstaatlichen Forderung

(7) nulla poena sine lege!

(= Keine Strafe ohne Gesetz), vgl. Art. 103 Abs. 2 GG, ist das letzte Wort („lex" = Gesetz) im doppelten Sinn zu verstehen, nämlich als Verhaltensnorm und Sanktionsandrohung. Dies wird noch deutlicher, wenn einige der Forderung (7) logisch vorausgehen lassen

(8) nullum crimen sine lege!

(= Ohne Gesetz gibt es kein Verbrechen.) Verbrechen meint hier den (rechtswidrigen) Verstoß gegen die vor der Tat existierende Verhaltensnorm (1) bzw. (6). Nicht erst die

---

22 Rechtslehre S. 114 ff. („Das Unrecht [Delikt] nicht Negation, sondern Bedingung des Rechts."); vgl. *Heidemann* über *Kelsens* Normbegriff, ARSP 2007, S. 345 ff.

23 *Binding*, Die Normen und ihre Übertretung, Bd. I. 3. Aufl. (1916) S. 45.

Strafe, schon die Rechtswidrigkeit ist eine Gesetzesfolge. Die Sanktion erfolgt in einem (gedanklich) nächsten Schritt (9).

c) Spielregeln, Bräuche, Sitten

23 Die Struktur Verbot bzw. Gebot/Sanktion findet man nicht nur bei Rechtsnormen. In

> „Ist eine Abseitsstellung gegeben, so wird diese mit einem Freistoß für die gegnerische Mannschaft geahndet." (Internationale Fußballregeln, Regel 11 II)

haben wir eine echte Norm vor uns. Der Unterschied liegt darin, dass die Sanktion keine *rechtliche* ist, nicht vom staatlichen Sanktionsapparat verhängt wird. Auch staatliche Richter müssen aber gelegentlich die Fußballregeln (mit Kommentar!) studieren. Laut BGH NJW 1975, 109 nimmt

> „... der Teilnehmer an einem Fußballspiel ... grundsätzlich Verletzungen, die auch bei regelgerechtem Spiel nicht zu vermeiden sind, in Kauf."

Solange ein Spieler nach Regeln spielt, handelt er nicht widerrechtlich. Spielregeln einzuhalten, wird zur Rechtspflicht. (Nicht gerade die Abseitsregel! aber sicher das Verbot, den Gegner zu treten, von hinten zu rempeln usf.) Da außerrechtliche Normen mit den Rechtsnormen die Normstruktur gemeinsam haben – ihnen fehlt nur die Rechtsverbindlichkeit[24] – können sie leicht in die Rechtsordnung integriert werden.

Das gilt genauso für Benimm- und Anstandsregeln, über die man schon früh in seinem Leben mit

> (9) Das tut man nicht!

belehrt wird: Essen, Kleidung, der mitmenschliche Umgang werden so geordnet, wenn auch offenbar mit immer mehr Toleranz. Sanktionen sind Einsatz „elterlicher Sorge" oder gesellschaftliche Misserfolge.

Noch anspruchsvoller ist die **Moral** (oder Sitte), etwa mit der Forderung

> (10) „Edel sei der Mensch, hilfreich und gut!" (Goethe)

24 Beide zuletzt genannten Normbereiche weisen seit langem Krisensymptome auf: die gesellschaftlichen Normen schwinden mit dem Schwinden der Gesellschaft; und die Moral hat sich von Aufklärung, Religionsverfall, zuletzt von dem kalten Blick der Soziologie nie ganz erholt. Auch stoßen in der globalisierten Welt mit ihren multikulturellen Gesellschaften verschiedenartige Moralvorstellungen krass aufeinander.

Im vorliegenden Zusammenhang kommt es nur darauf an, Verwandtschaft und Inkorporationsmöglichkeit aufzuzeigen. So schließt § 814 BGB die Rückforderung einer rechtsgrundlosen Leistung u.a. aus, wenn

---

24 Sie drückt *Geiger* mit dem „Verbindlichkeits-Stigma" aus, Vorstudien S. 62, 205.

„... die Leistung (a) einer sittlichen Pflicht oder (b) einer auf den Anstand zu nehmenden Rücksicht entsprach."

Damit werden Moralnormen (a) und gesellschaftliche Normen (b) – Beispiel: das Geburtstagsgeschenk, vgl. auch § 534 BGB – den Rechtsnormen angenähert, die außerrechtliche der rechtlichen Verbindlichkeit.

Das Sittliche (die Moral) tritt uns mit zentraler Bedeutung in §§ 138, 826 BGB entgegen: ein Rechtsgeschäft, das gegen die „guten Sitten" verstößt, ist nichtig; eine Handlung, die unter einem solchen Verstoß schädigt, verpflichtet zum Schadensersatz. Aber es wird nicht der Gesamtbereich der Moral – der Moralen – dem Recht inkorporiert. Die hier angesprochenen „... guten Sitten ..." kommen von den Bräuchen her; durch das Adjektiv „gut" werden sie in den Bereich der Moralnormen gehoben, aber nicht der besonders anspruchsvollen Moralnormen, sondern der weniger guten, mehr dem Durchschnitts-Standard entsprechenden. Es ginge ja auch nicht anders! Wenn jedes Rechtsgeschäft, das gegen (10) verstößt, nichtig wäre, welches Geschäft bliebe dann gültig? Das Recht, so sagt man, ist mit einem „moralischen Minimum"[25] zufrieden. Gefährlich oder rechtsstaatlich bedenklich wird es, wenn Regeln der „political correctness", also des gesellschaftlichen Umgangs, über das Gleichbehandlungsrecht juristische Bedeutung erlangen[26].

d) Rechtsnormen und Gesetzesnormen

Rechtsnormen sind nicht mit Gesetzesnormen gleichzusetzen. Der Kreis ist weit größer, 25
viele von ihnen stammen nicht aus dem Gesetz.

Schon *Pomponius* (Dig. 1, 2, 2, 12)[27] kannte neben dem Gesetzesrecht ein Recht,

„... quod sine scripto in sola prudentium interpretatione consistit ..."

(= das ungeschrieben nur in der Darstellung kluger Männer[28] existiert). Also: es gibt neben dem Gesetzesrecht sowohl das **Juristenrecht** wie das **Richterrecht**. (Wiederholung des Wechselwirkungsmodells, oben Rn. 13.)

Aber umgekehrt ist anzunehmen, dass jeder Satz eines Gesetzes eine – mindestens eine unselbstständige – Rechtsnorm darstellt. Die Methodologie geht davon aus, dass im Gesetz kein Satz – sogar: kein Wort – überflüssig ist, sondern Bedeutung hat. Und zwar normative Bedeutung, da es ja nicht Aufgabe des Gesetzes ist, Aussagen zu machen:

„La loi ne décrit pas, la loi prescrit!"

25 *Jellinek* in seiner Schrift von 1908 „Die sozialethische Bedeutung von Recht, Unrecht und Strafe".
26 Näher dazu *Adomeit*, Political correctness – jetzt Rechtspflicht!, NJW 2006, S. 2169 ff.
27 Was es mit den Digesten auf sich hat, wird genauer erklärt unten Rn. 65.
28 Eine Dogmatikerin konnten sich die Römer wohl nicht vorstellen!

Leider ist diese ideale Annahme heute im heftigen Hin und Her parlamentarischer Kämpfe und gesetzgeberischer Improvisationen immer mehr praxisfern, es hat sogar schon einen Kongress gegeben zum Thema „Das missglückte Gesetz"[29].

Nicht unbedingt normative Bedeutung haben die **Präambel** eines Gesetzes oder der Verfassung oder Erwägungsgründe von EU-Richtlinien, sofern der Gesetzgeber hier eher über seine Motivation berichtet (vgl. dazu das Grundvertragsurteil, BVerfG 36, 1 = NJW 73, 1539). Für die Auslegung sind solche „Motive" unentbehrlich.

e) Das Sollen

26 Die vorschreibende Eigenschaft einer Norm lässt sich so ausdrücken, dass sie ein Sollen zum Inhalt hat. Der Adressat einer Norm *soll* etwas. Die Ur-Norm (1) Rn. 19 setzte schon sprachlich das Hilfsverb „sollen" ein, das in allen entwickelten Sprachen zu finden ist. Sein sprachliches Pendant ist das Hilfsverb „sein". Festzuhalten: **Aussagen beziehen sich auf ein Sein, Normen auf ein Sollen.** Jedem Lagerverwalter ist der Unterschied zwischen Soll-Bestand und Ist-Bestand geläufig, jedem Kontoinhaber der zwischen Soll und Haben (wobei das „Haben" wiederum ein Soll der Kasse ist).

Kelsen hielt die Kategorie des Sollens für elementar und nicht weiter ableitbar[30]. Dem ist nicht zuzustimmen. Denn man wird, einen Schritt weiter, hinter jedem Sollen auf ein **Wollen** stoßen. „A soll ..." bedeutet immer: „irgendwer *will* von A, dass er ..." (kein Imperativ ohne Imperator). Der „Wille des Gesetzes" wird uns noch beschäftigen. Trotzdem wäre der Schluss

> Deine Eltern wollen, dass Du Jura studierst.
> Also sollst Du Jura studieren.

normlogisch unkorrekt, weil die Verbindlichkeitsprämisse fehlt, die eine *normative* Prämisse ist:

> Was Deine Eltern wollen, sollst Du tun.

(Kenner werden aufmerken, dass hier das Problem der Grundnorm vorweggenommen ist.)

27 „Sein" und „Sollen" bleiben getrennte Welten[31]. Es ist logisch nicht zulässig, aus (Seins-) Aussagen – mögen es noch so viele sein – auf ein Sollen zu schließen. Oder: **normative Konklusionen bedürfen mindestens einer normativen Prämisse**. Nicht einmal negativ kann – wie manche meinen[32] – aus dem Nicht-Können auf das Nicht-Sollen geschlossen werden. Der Satz

> ultra posse nemo obligatur! (vgl. Dig. 50, 17, 185 u. § 275 Abs. 1 BGB)

29 Bericht hrsg. von *Diederichsen* und *Dreier*, 1977.
30 Rechtslehre S. 5 u. 77 in Auseinandersetzung mit *Sigwarts* Logik; vgl. dazu *Saito*, Reine Rechtslehre. – Oder: Rechtswissenschaft als Normwissenschaft, ARSP 2003, S. 87 ff.
31 Vgl. *Röhl/Röhl*, Allgemeine Rechtslehre, 3. Aufl. 2008, S. 129 („Sein und Sollen").
32 „Brückenprinzip", *Albert*, Traktat über kritische Vernunft, 1968, S. 76.

(= Jenseits seines Könnens kann niemand verpflichtet werden.) ist kein logischer Satz, sondern eine, allerdings sehr vernünftige, dogmatische Maxime. Manche Religionen sind stolz darauf, ihre Anhänger „ultra posse" zu verpflichten, und warum soll

Liebet Eure Feinde! (Mt. 5, 44)

nicht eine, trotz ihrer praktischen Unmöglichkeit, gültige Norm sein? Ein Gesetzgeber handelt nur unklug, wenn er Unmögliches zur Norm macht – denn dies wird den Sanktionsapparat bald überfordern und das Ansehen des Rechts zerstören.

Anders erst, wenn **Widersprüchliches** zur Norm gemacht wird: dann tritt Unwirksamkeit ein. Vom römischen Kaiser Caligula wird berichtet, dass er seine Schwester in den Stand einer Gottheit erheben ließ und anordnete: dass, wer bei ihrem Tode weinen werde, zu bestrafen sei (weil er offenbar an ihrer Göttlichkeit zweifele) und dass, wer nicht weinen werde, ebenfalls zu bestrafen sei (weil er die gebührende Anteilnahme am Schicksal der kaiserlichen Familie vermissen lasse). Ein rechtstheoretisches Experiment mit negativem Ausgang!

Ein Grenzfall, den wir schon beim Stichwort „Naturrecht" gestreift haben, liegt vor, wenn **28**
man die Natur personifiziert und ihr einen Willen unterstellt, etwa

Die Natur will, dass wir uns fortpflanzen!
Also: wir sollen uns fortpflanzen.

Hiergegen ist, ebenso wie gegen die Annahme eines göttlichen Willens, normlogisch einzuwenden, dass Existenz und Inhalt eines Natur-Willens unbeweisbar sind; und dass andernfalls immer noch die Verbindlichkeitsprämisse fehlt.

Dies ist der Streit über das Naturrecht (dafür *Aristoteles*, *Cicero*, die mittelalterliche Scholastik). Dieser ist über die Jahrhunderte immer wieder neu entbrannt, zuletzt bei der verzweifelten Auseinandersetzung zuerst mit der national-sozialistischen Rechtsordnung, sodann mit der DDR-Rechtsordnung[33].

Im Teil III: Rechtspolitologie werden wir uns mit der Politik, dem eigentlichen Reich des Willens, beschäftigen.

2. Probleme der Normerkenntnis

a) Norm und Wahrheit (Die Zertitäts-Theorie[34])

Der wissenschaftstheoretisch fundamentale Unterschied zwischen Aussagen und Nor- **29**
men liegt darin, dass Aussagen wahr oder auch – wie oft! – falsch sein können. In der Sprache heutiger Wissenschaftstheorie: Aussagen können den positiven Wahrheitswert „wahr" und den negativen Wahrheitswert „falsch" annehmen (und, da es keinen Wert dazwischen gibt, sind sie **wahrheitsdefinit**)[35]. Bei Normen und Imperativen ist das nicht möglich.

33 *Gustav Radbruch* wird unten Rn. 103 zitiert.
34 Dazu *Adomeit*, Juristische Methode und Sicherheit des Ereignisses, JZ 1980, S. 343 ff.
35 *Leinfeller*, Einführung in die Erkenntniss- und Wissenschaftstheorie, 2. Aufl. 1967, S. 143.

Der Satz

Dieses Fenster ist geschlossen.

kann nachgeprüft werden, wird stimmen oder nicht (Grenzfälle wie „halbzu" einmal ausgeschieden). Für die „alternativen Fakten" (alternative facts) der Sprecher des aktuellen amerikanischen Präsidenten Donald Trump gilt Entsprechendes, d.h. aufgrund dieser Wortschöpfung ist ein „Fakt" nicht mehr sicher wahr.

Die Norm, der Imperativ (von imperare = herrschen, befehlen)

Schließe dieses Fenster!

kann viele Eigenschaften haben und unter verschiedenen Gesichtspunkten bewertet werden, wie: anmaßend – nicht anmaßend; vernünftig (z.B. weil es zieht); sinnlos (z.B. weil das Fenster schon geschlossen ist), kann aber nicht wahr oder falsch sein. Nach einer berühmten Formulierung von *Dubislaw*[36] ist es

„... ebensowenig sinnvoll, von Wahrheit oder Falschheit der Normsätze (Normen) zu sprechen, wie von der Gesundheit oder Krankheit der Primzahlen."

Dafür unterstehen Normen einer Kategorie, die den Aussagen fremd ist: *Geltung*; darüber mehr unten Rn. 52 f., 62 f.

Man halte fest: **eine Aussage ist wahr oder unwahr; eine Norm gilt oder gilt nicht**.

Wahr/unwahr können auch Aussagen über Normen sein. Die Normenaussage

„Nach § 2 BGB tritt die Volljährigkeit mit Vollendung des 81. Lebensjahres ein."

kann im Prinzip wahr sein, was allein schon daraus folgt, dass sie falsch ist (was Ihnen nicht entgangen sein wird). Würde § 2 BGB das statuieren, was von dieser Norm fälschlich behauptet wurde, so hätten wir es immer noch nicht mit einer unwahren, sondern mit einer unsinnigen Regelung zu tun (auctoritas, non veritas facit legem = die Macht, nicht die Wahrheit erzeugt ein Gesetz).

30 Aber mit der Wahrheit von Normaussagen ist es heikler bestellt als mit Aussagen anderer Wissenschaften, weil keine Prüfungskriterien existieren, nur Prognosen über ihre Durchsetzungschancen möglich sind: wie „allgemeine Ansicht", „herrschende Lehre", „bestr." (oben Rn. 10). Dies bedeutet, dass bei juristischen Aussagen nach den ihnen zukommenden Zertitätswerten[37] differenziert werden kann (von certus = sicher). Den höchsten Zertitätswert erreicht das Normzitat wie

„§ x besagt: ..."

---

36 Wiedergegeben bei *Weinberger*, Rechtslogik, 2. Aufl. 1989, S. 55.

37 Begründung der Zertitätstheorie *Adomeit*, JuS 1972, S. 632 ff.; Kritik: *Neumann*, Rechtsontologie und juristische Argumentation, 1979, S. 37; vgl. auch *Wesser*, Der Rechtssatz, Rechtstheorie 2006, S. 257.

oder eine Normexistenzbehauptung wie

> „Es gibt einen § 2386 BGB!"

(bitte prüfen!) Sobald sich eine Norm-Aussage von diesem Bereich entfernt, Interpretationen oder Lesarten aufgreift, wird das Sortierungs-Schema wahr/unwahr unangemessen. Der statt des Wahrheitswertes zuzuordnende **Zertitätswert**, etwa in der Skala

> +1 = völlig sicher ja
> 0 = völlig unsicher
> −1 = völlig sicher nein

ließe sich als Meinungsspektrum in einem „sample" von 100 zufällig ausgesuchten Juristen exakt definieren. Wenn zur Vereinfachung nur ja/nein-Entscheidungen, keine Enthaltungen zugelassen werden, wäre 50/50 = 0; 60/40 = +0,2; 80/20 = +0,6; 95/5 = +0,9. Diese Werte müssten in jeder anderen, ebenso zufällig ausgesuchten Gruppe, gleich bleiben, evtl. Schwankungen könnten durch Ausweitung auf repräsentativere Zahlen eliminiert werden. Diese Überlegung hat nur den theoretischen Wert zu zeigen, dass Zertitätswerte objektivierbar sind. (Freilich tritt keine Bindung für den Richter ein, der immer sogar gegen den Zertitätswert +1 entscheiden kann. Ein rein prognostisches Verständnis müsste den vollen Zertitätswert +1 völlig ausschließen.)

b) Wahrheitsbegriffe

Von *Aristoteles* stammt die Einsicht, dass Wahrheit in der Übereinstimmung von Sein **31**
und Denken liegt. Nach späterer lat. Formulierung in der

> „adaequatio rei et intellectus."

Dies war der modernen Wissenschaftstheorie nicht genau genug, und sie blieb von Unruhe beherrscht, bis *Tarski* 1933 den berühmt gewordenen, auf ersten Blick nicht gerade umwerfenden Satz prägte

> „Die Aussage ‚Schnee ist weiß' ist wahr genau dann, wenn Schnee weiß ist."

und dessen mathematische Formalisierbarkeit nachwies. Wichtig sind bei Tarskis Satz die Anführungsstriche. Die drei Worte innerhalb dieser Striche geben eine Sachauskunft (sind objektsprachlich), die übrigen Worte beziehen sich auf diese Auskunft (sind metasprachlich). Erst diese Abstufung hat es möglich gemacht, das antike Paradoxon vom Lügner („Jetzt lüge ich!") aufzulösen: der Lügner betreibt eine unzulässige Vermischung von Objekt- und Metasprache. Nur der objektsprachliche Satz „Schnee ist weiß" bezieht sich auf empirische Wahrheit, die der Wahrheit unserer Normaussagen am nächsten steht. Es sollte nämlich zwischen *drei* verschiedenen Wahrheitsbegriffen mit jeweils unterschiedlichen Prüfungsbedingungen unterschieden werden.

aa) Wahrheit kraft Definition (D-Wahrheit)

Dass jeder Junggeselle unverheiratet ist, dass kein Zwilling allein kommt, und dass jede **32**
Willenserklärung ein Rechtsgeschäft oder den Teil eines Rechtsgeschäfts darstellt, ist

so klar, dass es unsinnig wäre, dies zu bestreiten. Die D-Wahrheit beruht darauf, dass die Sprachen (genauer: die Sprechenden) bei der Einführung eines neuen Begriffs frei sind, diesen zu bestimmen **(„Nominaldefinition")**. Ist aber einmal der Begriff da und bestimmt, so ist man an diese Bestimmung gebunden **(„Realdefinition")**. So wenn man sich über folgende Begriffsbestimmung einig geworden ist:

> Ein Rechtsgeschäft ist eine „Privatwillenserklärung, gerichtet auf die Hervorbringung eines rechtlichen Erfolges, der nach der Rechtsordnung deswegen eintritt, weil er gewollt ist." (Motive zum BGB I 126 = Mugdan I 421)

Mit D-wahren Sätzen erhält man keine Sachinformation, sondern eine Information über den Sprachgebrauch, im Grunde genommen eine Erinnerung an die irgendwann zuvor vorgenommene Nominaldefinition. Erkenntnisse dieser Art sind – kantianisch gesprochen – bloß analytisch, man wickelt heraus, was jemand zuvor hineingewickelt hatte.

Allerdings steht es jedem frei, sich von dem doch nur konventionellen Sprachgebrauch zu distanzieren. Das ist am ehesten möglich bei abstrakten Begriffen[38], deren Grenzen nicht festliegen, oft genug neu abgesteckt werden, z.B. „Schaden". So kann ein Doktorand, der den Ehrgeiz hat, eine neue Haftungslehre zu entwickeln, loslegen:

> „Unter Schaden wird im Rahmen dieser Untersuchung in Abweichung von allem Herkommen verstanden ..."

Niemand darf dann sagen: *„falsch"*. Hier, wie überall in der Methodologie gilt, dass ein vorsätzlicher Regelverstoß u.U. erlaubt, ein fahrlässiger bei Schimpf verboten ist.

33 Aus der klassischen **Definitionslehre** das Wichtigste: Definiert werden Begriffe. Ein Begriff ist der gedankliche Gehalt, die Bedeutung eines Wortes, bezogen auf einen Gegenstand. Man *meint* mit einem Wort einen Gegenstand, und der Begriff ist das Gemeinte. Also sind drei Elemente zu unterscheiden:

> Wort – Begriff – Gegenstand.

Der Begriff „Eigentum" wird in verschiedenen Sprachen mit verschiedenen Worten ausgedrückt (wie property, dominium), *meint* aber dasselbe, nämlich einen abstrakten Gegenstand, der bei uns Eigentum heißt. (Auf höherer, komplexerer Stufe wiederholt sich diese Dreiteilung in Satz – Aussage – Sachverhalt.)[39]

Und wie geschieht die Definition? Natürlich

> per genus proximum et differentiam specificam!

(= durch die nächsthöhere Gattung und den eigentümlichen Unterschied), also „Der Schimmel ist ein weißes Pferd", oder

---

38 Dagegen ist bei konkreten Begriffen, die jeder kennt, das Mühen um Definition überflüssig und ein wenig albern. Angelsächsische Wissenschaftstheoretiker sagen gern: „I can not define an elephant, but I know him, when I see him!"

39 Dazu immer noch *Wittgenstein*, Tractatus logico-philosophicus, edition suhrkamp 12, der später, in seinen „Philosophischen Untersuchungen", die eigene Logik wieder zertrümmert hat.

> „Der *Vertragsantrag* ist die einseitige Willenserklärung, wodurch jemand einem anderen einen Vertragsschluß so anbietet, dass dessen Zustandekommen nur von der Zustimmung des anderen abhängt." (*Heinrich Lehmann*, Allg. Teil, S. 213) „Vertragsantrag" = das zu Definierende (definiendum), der Rest das Definierende (= definiens).

Die klassische Lehre ist angegriffen worden, weil sie einen pyramidenförmigen Aufbau **34** aller Begriffe voraussetzt, nach dem Muster des scholastischen Weltbildes oder der Linné'schen Ordnungen in der Biologie. Davon kann man nicht allgemein ausgehen, jedenfalls nicht mehr seit Wittgensteins Philosophischen Untersuchungen. Was wäre der Oberbegriff von Eigentum? „Subjektives Recht" zeigte nur eine Seite, „privatrechtliche Institution" eine andere, „Zuordnung" *(Harry Westermann)* lässt viel offen. Die Soziologie wartet bestimmt mit ganz anderen Definitionen auf. Deshalb sind andere Wege des Definierens zuzulassen, durch Zeigen (dem Kleinkind was ein Hund ist), durch Aufzählung („Skandinavier sind Schweden, Finnen ..."), durch Negation („Unterlassen ist das Gegenteil von Tun"), durch Umschreibung („heimtückisch handelt, wer die Arg- und Wehrlosigkeit seines Opfers ausnutzt."). Zu vermeiden ist die Wenn-Definition („Rechtsgeschäft ist, wenn einer ...").

Legaldefinitionen wie in § 11 StGB sind unselbstständige Normierungen, die im Zusam- **35** menhang mit einer selbstständigen Norm deren Tatbestandsmerkmale (oder: Merkmale der Rechtsfolge) festlegen. Das Gesetz (lex) sagt selbst, wie es den Begriff verwendet bzw. verstanden wissen will.

Über ihre Zweckmäßigkeit lässt sich streiten. Bestimmt unzweckmäßig sind Kettendefinitionen, z.B. § 1 KSchG:

> „Die Kündigung ... ist rechtsunwirksam, wenn sie sozial ungerechtfertigt ist. Sozial ungerechtfertigt ist die Kündigung, wenn ...

Hier sind die doppelt benutzten Worte „sozial ungerechtfertigt" funktionslos und überflüssig. Genauso § 1565 Abs. 1 BGB:

> „Eine Ehe kann geschieden werden, wenn sie gescheitert ist.
> Die Ehe ist gescheitert, wenn ..."

Zwar knüpfen die Vermutungen des § 1566 BGB an das „Scheitern" an, aber sie hätten technisch ebenso gut und weniger missverständlich an die Wiederherstellungserwartung geknüpft werden können. Bei Defiziten in der Logik geht es meist um einen Überschuss von Politik. Der Gesetzgeber wollte das frühere Schuldprinzip verlassen und hat es durch eine bloße Fristenlösung ersetzt, für das allgemeine Publikum durch ein „Zerüttungsprinzip", angeblich.

Beispiel einer sinnvollen Anknüpfung ist dagegen § 249 BGB, dessen

> „Wer zum Schadensersatze verpflichtet ist, ..."

die Rechtsfolge von § 823 Abs. 1 BGB wörtlich aufgreift, aber im Allgemeinen Schuldrecht steht und nicht nur für diese Norm gilt, sondern für alle Schadensersatzpflichten.

Erkennbar ist die Legaldefinition an der BGB-typischen Technik der **Klammerdefinition**. Beispielsweise unterliegt nach § 194 BGB der Verjährung

> „das Recht, von einem anderen ein Tun oder ein Unterlassen zu verlangen (Anspruch)."

Frage 3

§ 1567 Abs. 1 BGB definiert die Trennung von Eheleuten, die heute einzige Scheidungsvoraussetzung ist, durch Aufhebung der häuslichen Gemeinschaft und die Aufhebung der häuslichen Gemeinschaft (Abs. 1 S. 2) durch (modifizierte) Trennung. Ist das ein Definitionsfehler, nämlich eine Zirkeldefinition? (Antwort unten S. 116)

bb) Logische Wahrheit (L-Wahrheit)

36 Der Satz der Identität (A = A) ist unerschütterlich, sein Gegenstück ist der Satz des Widerspruches:

- nicht: A und nicht-A.

  oder
- entweder A oder nicht-A.

  oder
- „tertium non datur" = ein Drittes wird nicht gegeben.

Dazu steht in vielen Lehrbüchern der Logik als Beispiel eines L-wahren Satzes

> „Sokrates ist weise oder Sokrates ist nicht weise."

was zwar psychologisch ziemlich oberflächlich, trotzdem logisch wahr ist. (An späterer Stelle werden wir diskutieren, ob Sokrates, der, zum Tode verurteilt, ihm eröffnete Fluchtmöglichkeiten ausschlug, weise gehandelt hatte, s.u. Rn. 102.) Dass es in der menschlichen Psyche widersprüchige Erscheinungen bis hin zum Schizophrenen gibt, ist nicht der Logik anzulasten. Allgemein kann man sagen: **die Ausfüllung eines logischen Gesetzes ohne zusätzliche Ableitung führt zu L-wahren Aussagen**[40].

Leicht zu sehen ist, dass alle L-wahren Sätze einen geringen Informationsgehalt haben, noch genauer: keinen. Die Logik bestimmt die Grenze des möglichen Wissens, das was *nicht* wahr sein kann. Der Verstoß gegen Denkgesetze bringt ein Urteil unweigerlich zur Aufhebung in der Revisionsinstanz (§ 550 ZPO). Man kann nicht die Klage zugleich abweisen und ihr zusprechen, man kann nicht – eher denkbar – in den Gründen ein Rechtsgeschäft als gültig und als ungültig behandeln.

37 Weshalb ein **Widerspruch** als typischer Fall des logischen Fehlers unbedingt zu vermeiden ist, muss noch genauer gezeigt werden. Schon die Scholastik des Mittelalters wusste, was man aus einem stehengelassenen Widerspruch beweisen kann: alles!

40 Vgl. *Röhl/Röhl*, Allgemeine Rechtslehre, 3. Aufl. 2008, S. 123 „Von der Aussagenlogik zur deontischen Logik".

ex falso (ex contradictione) quodlibet sequitur.

(= aus Falschem, aus dem Widerspruch folgt, was immer man möchte).

Beweis: Ausgegangen wird von dem Doppelsatz „r oder s", in dem sowohl „r" wie „s" einen selbstständigen Satz (Aussage) darstellen. Da diese beiden Elemente nicht durch „und", sondern durch „oder" verbunden sind, genügt es für die Wahrheit von „r oder s", wenn *einer* der beiden Teilsätze wahr ist. Damit gilt auch, dass, wenn die Wahrheit von „r oder s" *und* die Unwahrheit eines der beiden Teilsätze feststeht, der andere Teilsatz notwendig wahr ist (adjunktiver Syllogismus). Weiter gilt, dass, wenn die Wahrheit von „r" feststeht, für jedes beliebige „s" zu „r oder s" übergegangen werden kann (Adjunktionseinführung)[41]. Nunmehr sollen „a" und „nicht-a" zugleich wahr sein. Zu beweisen ist der beliebige Satz „q". Wenn „a" wahr ist, ist auch „a oder q" wahr. Aus „a oder q" und „nicht-a" folgt zwingend „q". **Quod erat demonstrandum** (= was zu beweisen war).

Nun lässt aber die praktische Jurisprudenz, was den Logiker verstört, ein widersprüchiges Argumentieren zu: das Verfahren wird kürzer; niemand ist vermeidbarer Beweisnot ausgesetzt. Zwar wird die berühmte Verteidigung im Fall des zerbrochenen Kruges[42] **38**

„1. habe ich den Krug nie bekommen,
2. war er schon entzwei, als ich ihn bekam,
3. war er noch ganz, als ich ihn zurückgab."

wohl keinem Richter zusagen. Aber schon die oft gehörte Sequenz

„A hat sein Eigentum durch die Vereinbarung vom 1. 4., jedenfalls aber durch die Vereinbarung vom 2. 4. verloren."

ist logisch unbefriedigend, weil, wenn die erste Vereinbarung wirksam war, die zweite ins Leere ging. Es muss korrekt „entweder/oder" (oder gar nicht) heißen. Niemand verlangt aber, wenn die 2. Vereinbarung für sich als wirksam feststeht, den Nachweis der Unwirksamkeit der ersten.

Sensationell war seinerzeit (1911), als *Theodor Kipp* vorführte, dass sogar innerhalb der juristischen Konstruktion Widersprüche zugelassen werden müssen. In einem Festschriftbeitrag (für v. Martitz) „Über Doppelwirkungen im Recht" stellte er die Frage, ob ein nichtiges Rechtsgeschäft obendrein noch angefochten werden könne. Man wird dazu neigen, dies zu verneinen, aus vermeintlich logisch zwingenden Gründen. *Kipp* brachte folgenden Fall (S. 226):

„Angenommen, dass jemand von einem Minderjährigen eine Sache kauft und übergeben erhält, nachdem er zu beidem den Minderjährigen durch Betrug bestimmt hat, dass der gesetzliche Vertreter die Genehmigung verweigert, sodann der Empfänger die Sache an einen Dritten veräußert und der Dritte zwar den Betrug, aber nicht die Minderjährigkeit des ersten Verkäufers und nicht die Verweigerung der Genehmigung kennt."

Hier ist das erste Geschäft nach § 108 BGB nichtig, die folgende Veräußerung aber nach § 932 BGB wegen guten Glaubens des Erwerbers gültig – es sei denn, man ließe die Anfechtung zu, wodurch der gute Glaube gemäß § 142 Abs. 2 wegfiele. Da es nicht dem Erwerber zugute kommen sollte, wenn das Vorgeschäft nicht nur anfechtbar,

41 Darüber *Essler*, Einführung in die Logik, 2. Aufl. 1969, S. 58 ff.

42 *Kleist*, Der zerbrochne Krug, Reclam; sehr lesenswert für Juristen und solche die es werden wollen auch *ders.* Michael Kohlhaas, Reclam.

sondern zusätzlich nichtig war – also noch in weit stärkerem Maße fehlerhaft – kann der gesetzliche Vertreter anfechten und § 985 geltend machen. Diese Durchbrechung der Konstruktion beruht wohl auf dem alten Grundsatz, dass niemand sich auf eigene Unanständigkeit zu seinem Vorteil berufen darf:

turpitudinem suam allegans nemo auditur.

(„No man should profit by his own iniquity or take advantage of his own wrong"[43]).

Festzuhalten: **die Logik juristischer Gedankengänge kann aus Gerechtigkeitsgesichtspunkten (pragmatisch) durchbrochen werden.**

cc) Empirische Wahrheit (E-Wahrheit)

39 Empirie heißt Erfahrung (griech.), gewonnen aus der Beobachtung von Wirklichkeit (wie des weißen Schnees), die es den Naturwissenschaftlern möglich macht, ständig neue Wahrheiten des E-Typs hervorzubringen. Hier und nur hier gibt es echte Informationen, wirkliche Neuigkeit, wie über die Oberfläche des Mars. Wenn man naiv das anspruchsvolle Wort Wahrheit verwendet, denkt man an den E-Bereich. Bezeichnend ist, dass zur Überprüfung eines E-Satzes die Wirklichkeit – mit den Untersuchungsmethoden der jeweils zuständigen Wissenschaft – zu befragen ist (die „adaequatio rei et intellectus" hier verstanden als Übereinstimmung der Sache mit dem Satz über die Sache), während zur Überprüfung einer D-Wahrheit nur der Sprachgebrauch, zur Überprüfung einer L-Wahrheit nur der Kanon logischer Gesetze herangezogen wird.

Bei der Normaussage – oben Rn. 29 – kann man von E-Wahrheit nur im übertragenen Sinne sprechen: es muss überprüft werden, ob und wie *sicher* ihr Inhalt mit dem Stand der Rechtsdogmatik übereinstimmt („dogmatische Wahrheit"; Zertitätstheorie).

Auf diesem Unterschied beruht, dass im gerichtlichen Prozess Rechtsfragen und tatsächliche Fragen verschiedenartigen Verfahren unterworfen werden. Bei tatsächlichen Fragen ist **Beweis** zu erheben unter Heranziehung von Helfern, die Zugang zu der strittigen Wirklichkeit haben: Zeugen, Sachverständige. Auch kann der Richter sich selbst der Wirklichkeit nähern: Vorlage von Urkunden, Einnahme von Augenschein. Der Richter ist hier eher Schiedsrichter. In **Rechtsfragen** entscheidet er dagegen autonom und darf nicht delegieren.

Es ist dem Richter nicht vorgeschrieben, vom Stand der Dogmatik Kenntnis zu nehmen, in Lehrbücher und Kommentare hineinzusehen, die Rechtssprechung anderer Gerichte, auch höherer zu beachten. Er *pflegt* dies zu tun (mehr oder weniger, in höheren Instanzen mehr als ganz unten, bei deutschen Gerichten mehr als z.B. Frankreich oder Großbritannien vgl. auch Rn. 64). Aber er ist an keine fremde Normaussage oder Entscheidung gebunden. Aus seiner Sicht ist dogmatische Wahrheit das, was er für richtig hält. Und Rechtswissenschaft ist dann: zu prophezeien, wie Richter entscheiden werden? (So das Gründungswort zum amerikanischen „Legal Realism" von *Holmes*.[44]) Eine sehr begrenzte Sicht, dogmatisch unfruchtbar.

---

43 Diese und andere römische (oft zeitlose) Rechtsregeln Dig. Buch 50 Titel 17: „de diversis regulis iuris antiqui". Zu dem Werk vgl. Rn. 65.

44 Ausführlich dazu *Patterson*, Recht und Wahrheit, 1999, S. 9 ff. Mit ähnlichem Ansatz, aber differenzierter *Kuntz* (vor Rn. 1).

3. Der Weg zum juristischen Schluss

Die Logik der Aussagen ist einfacher als die Logik der Normen, daher zuerst zu entwickeln. Hier kommt es nur auf diejenigen Grundsätze an, die alsdann für die Rechtslogik zu übernehmen sind. **40**

a) Das Aussagenquadrat (Aristoteles)

Drei **Typen von Aussagen** sind anfänglich zu unterscheiden, **universelle** (alle ... sind ...), **partikuläre** (einige ... sind ...) und **individuelle** (x ist ...). Dabei werden individuelle Aussagen herkömmlich als für die Wissenschaft unergiebig ausgeschieden.

Also nehmen wir eine universelle positive (bejahende) Aussage, in allgemeiner Form

(1) Alle S sind P.

wobei S für Subjekt, P für Prädikat steht, konkret vielleicht

(2) Alle Professoren sind autoritär.

Fragen wir nach dem Gegensatz dieser Aussage! (Denn man lernt den Inhalt einer Aussage am genauesten durch Negation und Gegensatzbildung kennen.)[45] Hier kommen zwei Gegensätze in Frage, je nachdem, ob man die Negation beim Subjekt oder beim Prädikat ansetzt, nämlich

(3) Alle Professoren sind nicht-autoritär. = Kein Professor ist autoritär.

und

(4) *Nicht* alle Professoren sind autoritär. = Einige Professoren sind nicht-autoritär.

Der Gegensatz aus (3) gegenüber (2) scheint besonders stark ausgeprägt zu sein. Die Aussagen „ Alle ... sind ..." und „Keiner ... ist ..." beißen sich, sind unvereinbar, können nicht beide wahr sein. *Aber:* sie können beide falsch sein, wenn nämlich weder alle sind, noch alle nicht sind, sondern einige ja, andere nicht. Der Gegensatz zwischen universell-bejahenden und universell-verneinenden Aussagen schöpft die möglichen Sachverhalte nicht aus, lässt Zwischenlösungen zu. Man spricht von einem **konträren Gegensatz** (wie schwarz/weiß bei den Farben, rechts/links in der Politik).

Anders ist der Gegensatz (2) „alle sind" und (4) „einige sind nicht" ein **kontradiktorischer**. Die Aussagen sind nicht nur unvereinbar, zwischen ihnen kann nichts Drittes stehen. Wenn eine dieser Aussagen falsch ist, muss die andere wahr sein. Wenn es falsch ist, dass alle Professoren autoritär sind, so müssen logisch einige (mindestens einer) nicht-autoritär sein. Das gilt ebenso umgekehrt (bitte prüfen Sie!). (4) bringt also den stärkeren Gegensatz, obwohl es die schwächere Behauptung im Vergleich zu (3) ist.

---

45 *Spinoza* wird der Satz zugeschrieben „omnis determinatio est negatio" = jede Bestimmung geschieht durch Verneinen.

Die Gegensatzbildung war noch nicht ganz ausgeschöpft, weil sich aus (4) durch doppelte Negation (nicht nicht-autoritar = autoritär)

(5) Einige Professoren sind autoritär.

bilden lässt. Nun sind (4) und (5) eigentlich keine Gegensätze, weil sie ganz gut zusammenpassen: sie können beide wahr sein (sind es wohl auch), dagegen *nicht* zusammen falsch sein.

41 Diese logischen Grundbeziehungen sind bereits vor über 2300 Jahren von *Aristoteles* prägnant beschrieben worden:

> „Ich sage, daß es in der Sprache vier Arten von entgegengesetzten Aussagen gibt, nämlich: allen und keinem zukommen; allen und nicht allen; einem[46] und keinem; einem und einem nicht – in Wirklichkeit aber nur drei. Denn einem und einem nicht sind nur sprachlich entgegengesetzt. Konträr entgegengesetzt sind die universellen Aussagen, die allen und keinem zukommen, wie z.B. ‚jede Wissenschaft ist sittlich gut' und ‚keine Wissenschaft ist sittlich gut', die anderen aber kontradiktorisch."[47]

Spätere Jahrhunderte haben nicht geruht, bis es gelang, diesen einfachen, aber gedanklich sehr konzentrierten Text graphisch zu veranschaulichen, nämlich im

Aussagenquadrat

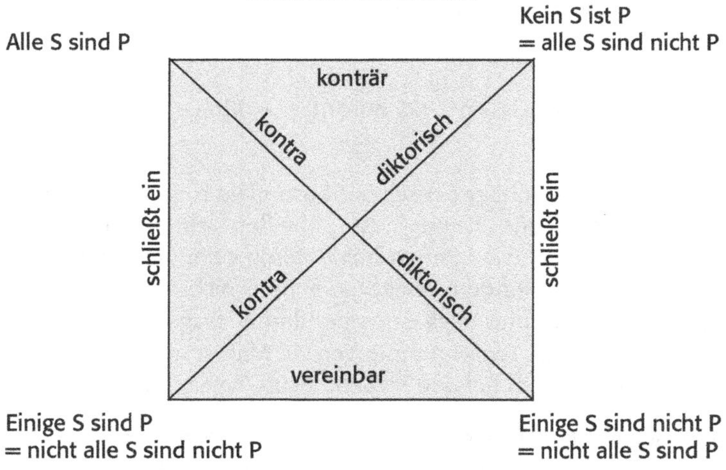

An dieser Quadratfigur lässt sich leicht ablesen, welche Aussagen unvereinbar sind: die kontradiktorischen Diagonalen, die konträre obere Horizontale; welche vereinbar: die untere Horizontale; und bei welchen eine Folgebeziehung vorliegt, nämlich jeweils in

46 Der Unterschied zwischen „einer" und „einige" möge vernachlässigt werden!

47 Der Text beruht auf *Trendelenburg*, Elemente der aristotelischen Logik, 2. Aufl. 1969, S. 19.

den Vertikalen (denn wenn alle sind, sind notwendig auch einige, und entsprechend in der Negation).

b) Das Normenquadrat (J. Bentham)

Um zu sehen, welche logischen Beziehungen zwischen Normen bestehen, gehen wir nach derselben Methode vor und nehmen zum Ausgangspunkt die Ur-Norm **42**

(1) Du sollst nicht töten!

Der erste Gegensatz dazu wäre

(2) Du sollst töten!

Diese etwas erschreckend wirkende Norm ist keineswegs nur eine theoretische Annahme. Wie jeder Soldat weiß, kann sie gelten, und ihre Verletzung kann militärrechtlich strafbar sein.

(1) ist ein **Verbot**, (2) ein **Gebot**, dies sind die beiden elementaren Normentypen. Zwischen ihnen besteht ein **konträrer Gegensatz**, sie können – den gleichen Normurheber vorausgesetzt – nicht zugleich gelten. Sollte ein Machthaber beides zugleich befehlen, so hätte er nichts befohlen, beide Befehle heben sich auf.

Dagegen ist denkbar, dass in Bezug auf den gleichen Tatbestand weder ein Gebot noch ein Verbot besteht. Für das Töten müsste man dafür schon an extreme Notstands- oder Kriegssituationen denken. Aber es gibt glücklicherweise rechtsfreie Räume und unnormierte Aktivitäten, wie Sich-Verlieben, Briefe schreiben und zusenden (sofern sie nicht beleidigend sind), Spazierengehen.

Also noch einmal: Gebot und Verbot gleichen Inhalts können nicht beide gelten, sie können aber beide *nicht* gelten. Es liegt also die schon bekannte Struktur des konträren Gegensatzes vor.

Gibt es zu dem Ur-Verbot ein kontradiktorisches Gegenstück? Dazu bringen wir (1) in die weniger alttestamentarische Form **43**

(1) Gesollt: nicht töten!

aus der durch Negation des Sollens gewonnen wird

(5) Nicht gesollt: nicht töten!

Was bedeutet (5)? Verfehlt wäre es, aus der doppelten Verneinung auf eine Bejahung, also auf „Gesollt: töten!" zu schließen. Die Verneinung eines Verbots ist kein Gebot, sondern eine **Erlaubnis**. Der Adressat einer Verbotsnorm kann, wenn eine (vollständige oder partielle) Aufhebung erfolgt, das früher verbotene Tun als erlaubt betrachten.

Verbot und Erlaubnis stehen im **kontradiktorischen** Verhältnis. Was verboten ist, ist nicht erlaubt; was erlaubt ist, ist nicht verboten.

Achtung! Oft findet man den Satz „Was nicht verboten ist, ist erlaubt." unkorrekt[48] verwendet, nämlich im Verständnis „nicht *ausdrücklich* verboten ...". Es ist aber eine Frage der Rechtsdogmatik und der Methodenlehre, inwieweit eine nicht ausdrücklich vorhandene Verbotsnorm durch Analogie (Rn. 49) oder Fortbildung geschöpft werden kann (z.B. Nebenpflichten zu einem Rechtsverhältnis). Für uns geht es um logische Beziehungen, um rein analytische Sätze, aus denen – Liberalität in allen Ehren – kein politisches Programm abzuleiten ist.

Wohin führt die Kontradiktion eines *Gebots?* Aus

(2) Gesollt: töten!

wird die Negation

(6) Nicht gesollt: töten!

was rechtstheoretisch als **Freistellung** bezeichnet wird. Manche sehen schwer ein, was Erlaubnis und Freistellung voneinander unterscheidet. Erlaubnis negiert ein Verbot, man darf etwas tun. Freistellung negiert ein Gebot, man darf etwas nicht – tun = ist von dieser Handlungspflicht freigestellt = muss nicht tun.

Beispiel: Wenn das Verkehrsschild „Einfahrt verboten" ein Zusatzschild trägt „Ausgenommen Anlieger", handelt es sich für diese um eine Erlaubnis: der Anlieger darf einfahren. Für die Freistellung kann man an die heute allgemein geltende, früher nur in Ausnahmen gewährte Schulgeldfreiheit oder an die Studiengebühr-Freiheit denken. Ebenso natürlich – bis vor kurzem – an die Befreiung vom Wehrdienst. Oder an den Urlaubs-„anspruch", der genauer ein Verlust des Arbeitgeber-Anspruchs auf Arbeitsleistung und komplementär eine Freistellung des Arbeitnehmers von der Arbeitspflicht ist. Rechtstheoretisch am genauesten passt die **Verjährung** einer Schuld (§ 214 BGB), weil der Schuldner nicht gehindert ist, zu leisten. Ebenso das Recht eines Zeugen, die Aussage zu verweigern.

44 Vier elementare Normtypen haben sich ergeben: **Gebot, Verbot, Erlaubnis, Freistellung.** Diese hat zuerst *Jeremy Bentham*[49] aufgelistet und systematisiert; bei ihm heißen sie: command, prohibition, nonprohibition (oder: permission), non-command. Schon die sprachliche Bezeichnung ist unüberbietbar genau. Über ihre logischen Beziehungen sagt er:

> „A command then includes a permission; it excludes both a prohibition and a non- command. A prohibition includes a non-command; and it excludes both a command and a permission. A non-command of itself does not necessarily include either a prohibition or a permission: but it excludes a command: and, as a prohibition and a permission exclude one another, it can only be accompanied with one of them at a time: and as they are contradictory to each other, it must be accompanied with one or other of them." (Of Laws in General S. 97)

48 Darüber, in einer Kontroverse mit *Säcker*, *Adomeits* Beitrag im Jahrbuch für Rechtssoziologie und Rechtstheorie Bd. II (1972), S. 512 ff.; vgl. *Bragyova*, Freedom and Permission, ARSP 2005, 379.

49 Über sein posthumes Hauptwerk „Of Laws in General" berichtete *Hart* in Rechtstheorie 1971, S. 55 ff.; vgl. auch *Lampe*, Logische Beziehungen zwischen ontischen und deontischen Sätzen, Rechtstheorie 1983, S. 317 ff.

Dies ist die denkbar genaueste Parallele zum Aristoteles-Text Aussagen betreffend.

Im Ergebnis erhalten wir wieder eine Quadratfigur:

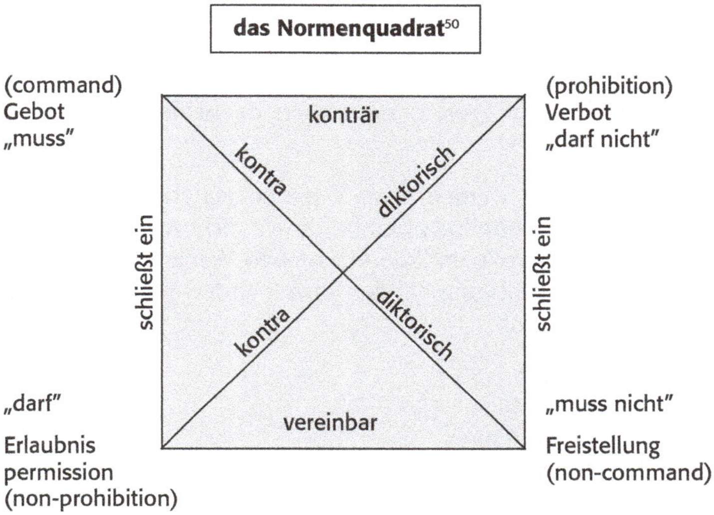

Schnell wird einleuchten, dass ein Gebot die Erlaubnis einschließt: was man tun *muss*, das *darf* man auch tun; ebenso das Verbot die Freistellung: was man nicht tun darf, davon darf man Abstand nehmen. Wenn man Erlaubnis und Freistellung zusammenfügt – was ja nach Definition zulässig sein muss – erhält man den glücklichen Zustand des unnormierten (rechtsfreien) Verhaltens: man darf tun, man darf lassen.

Der letzte Ausdruck **„Unterlassen"** bringt Verwirrung ins Spiel. Das menschliche Ver- **45**
halten hat nun einmal den Doppelaspekt von Handeln und Nicht-Handeln = Unterlassen. Die damit auftretenden Schwierigkeiten werden in der dogmatischen Praxis oft nur durch willkürliche Festlegungen gelöst.

(Straßenbauarbeiter heben eine Grube aus, ohne die üblichen Absperrungen, jemand fällt hinein – haben die Arbeiter durch Handeln oder Unterlassen verletzt? – Jemand entleert einen Aschenbecher in den Papierkorb, ohne zuvor seine letzte Kippe ausgedrückt zu haben – Brandstiftung durch Tun oder Lassen? Wie bekannt, ist diese Unterscheidung für die Rechtswidrigkeit nach § 823 BGB und die Strafbarkeit nach § 13 StGB ausschlaggebend: „Garantenpflicht".)

Rechtslogisch bedeutet dies: es kommt eine weitere Negation hinzu, das Nicht-Tun zum Tun. Damit eröffnet sich die Möglichkeit, die vier Normtypen auf nur *einen* zurückzuführen.

50 Weiterführend *Hruschka*, Das deontologische Sechseck in der Jurisprudenz, in: Krause u.a. (Hrsg.), Gedächtnisschrift Blomeyer 2004, S. 775; vgl. schon ARSP 1987, S. 93 ff.

Wenn man „Gebot" als grundlegend einsetzt, dann ist

Gebot	=	*Gebot*
Verbot	=	*Gebot* zum Nicht-Tun
Erlaubnis	=	Nicht-*Gebot* zum Nicht-Tun
Freistellung	=	Nicht-*Gebot* zum Tun.

Genauso kann man auch von „Verbot" oder einem der beiden anderen Begriffe ausgehen (bitte durchchecken!).

46 Zuletzt muss noch gefragt werden, worauf die so **vollständige Übereinstimmung des Aussagen- und Normquadrats** beruht. Da wir nicht magische, sondern logische Beziehungen untersuchen, müssen *Gründe* bestehen. Wenn man „x tun" als Norminhalt denkt, so führt die Verwirklichung bei den einzelnen Normtypen ideal zu folgendem Verhalten der Adressaten (A)

Gebot:	alle A tun x
Verbot:	kein A tut x
Erlaubnis:	einige A tun x
Freistellung:	einige A tun nicht x.

Damit liegen vier Aussagen (!) vor, die genau der Typenbildung bei Aristoteles entsprechen.

Frage 4

Theodor Mommsen, Röm. Staatsrecht, I. Bd. 2. Aufl. (1876), S. 255 löst die Gleichberechtigung zweier Consuln im republikanischen Rom so: „... wenn der eine gebietet, der andere aber verbietet, so geht das Verbot dem Gebote vor." Er zitiert Dig. 10, 3, 28: „... in re pari potiorem causam esse prohibentis." (Übersetzung: bei gleicher Lage ist die Rechtsstellung dessen, der verbietet, stärker.) Darin meint er eine „logische Regel" zu sehen. Stimmt das? (Antwort unten S. 116)

c) Schlüsse (Der Syllogismus)

47 Als größte Leistung des *Aristoteles* und wichtigsten Teil seiner Logik wertet man die Lehre von den Schlüssen. Schon das Aussagenquadrat enthält neben Gegensatzbeziehungen auch Ableitungsbeziehungen: aus „alle sind" folgt zwanglos „einige sind" als notwendig ebenfalls wahr.

Die Lehre von den Schlüssen lässt es zu, aus wahren Aussagen (mindestens 2) auf einen neuen wahren Satz zu schließen, aus **Prämissen** auf die **conclusio** (= Schlussfolgerung, Schlusssatz). Grundvoraussetzungen: wahre Prämissen, folgerichtige Ableitung.

Grundtyp („modus Barbara"):

(1) Alle M sind P
S ist M
―――――――――
Also S ist P

oder, im alten Beispiel

(2) Alle Menschen sind sterblich.
Sokrates ist ein Mensch.[51]
Also ist Sokrates sterblich.

was mit der Unsterblichkeit seines philosophischen Ruhms durchaus vereinbar ist.

Dieser Schluss wirkt sehr einfach. Jeder, der überhaupt denkt, denkt automatisch so. Aber das beweist nur, dass selbst einfache Denkvorgänge von komplizierter Struktur sind. Voraussetzungen für das Gelingen dieses Syllogismus sind nämlich:

1. Es dürfen nur drei Begriffe vorkommen (S, M, P): Verbot der *quaternio* terminorum. (Also nicht: alle Füchse haben vier Beine. Sokrates ist ein alter Fuchs …)
2. Der in den Prämissen zweimal vorkommende Mittelbegriff (M) darf im Schlusssatz nicht mehr vorkommen.
3. Der Mittelbegriff darf nicht nur partikulär auftreten („einige …").
4. Kein Begriff darf im Schlusssatz größere Quantität haben als in den Prämissen.

Noch weiter differenzierte Regeln ergeben sich bei Hereinnahme verneinender Sätze.

Der juristische Syllogismus, der uns vor allem interessiert, würde in personalisierter Form lauten (A für den Adressaten der Norm, x für ein bestimmtes Verhalten, S für ein Subjekt): **48**

(3) Alle A sollen x.
S ist ein A.
Also S soll x.

„Sollen" ist hier als normlogische Konstante eingesetzt. Also: die gleiche Schlussfigur, der gleiche Aufbau, die gleichen Regeln. Die Welt des Seins und des Sollens sind zwar getrennt und lassen *untereinander* keine Schlüsse zu. Aber innerhalb dieser Welten gilt die gleiche Logik. Die Übertragung des normativen Prädikats von A auf S war trotz der nur feststellenden 2. Prämisse[52] durch den normativen Gehalt der 1. Prämisse gedeckt. **Die Logik transportiert bei Normen die Geltung ebenso ungerührt und verlustfrei, wie bei Aussagen die Wahrheit.**

Man kann diese Ausdehnung des Herrschaftsbereichs der Logik problematisieren und daran erinnern, dass hinter jedem Sollen ein Wollen steht (oben Rn. 19), somit vielleicht die Psychologie zuständig wäre. Wie bekannt, gibt es widersprüchlichen Willen. Mancher empört sich über fremde Rechtsverstöße so leicht, wie er sich eigene verzeiht.

---

51 Genau genommen sollte auch die zweite Prämisse *allgemein* sein, nach dem Muster „Alle Athener sind Menschen". Aber die individualisierende Form hat sich eingebürgert.

52 Die zweite Prämisse ist aber trotz dem Wörtchen „ist" keine Seins-Aussage, sondern eine unselbständige Sollens-Aussage. Sie hat die gleiche Bedeutung wie die Definition des Mörders in § 211 II StGB (oben Rn. 19). Ebenso *Yoshino*, Über die Notwendigkeit einer besonderen Normlogik als Methode der juristischen Logik, in: Klug u.a. (Hrsg.) Gedächtnisschrift Rödig, 1978, S. 140, 146.

Ob das zu rechtstheoretischen Konsequenzen führt, ist immerhin zu erwägen. *Kelsen* hat in einem Spätwerk die Möglichkeit widersprüchlicher Normen eingeräumt[53], ungeachtet aller verheerenden Folgen für sein Lehrgebäude. Mögliche psychische Gespaltenheiten berühren aber nicht die objektive Bedeutung von Normen. Wer sich der Sprache bedient, hat sich damit nicht nur der Grammatik, sondern auch schon den „Denkgesetzen" unterworfen.

Es bleibt daher bei (3). So einfach kann aber die gefürchtete **Subsumtion** nicht sein? – Ihrer logischen Struktur nach schon. Subsumtion bezeichnet eine methodologische, keine logische Aufgabe. Die Schwierigkeiten liegen in der Aufstellung der 2. Prämisse: oft kann man erst nach Überprüfung zahlreicher und verwickelter Voraussetzungen und **Wertungen** sagen, ob irgendein S von der Norm betroffen ist. So ist für § 823 Abs. 1 BGB A = „wer … verletzt", was eine Fülle von Fragen aufwirft. Man kann so formulieren: bei **der juristischen Subsumtion wird nicht die conclusio gesucht, sondern die Zweite Prämisse**, die praemissa minor. Man unterstellt (sub sumere = herunter ziehen, nehmen) dem Obersatz einen hypothetischen Untersatz und probiert, ob er passt.

Und selbst mit Finden des Schlusssatzes ist noch nicht Schluss. Denn wenn x = „Ersatz des entstandenen Schadens" ist, so knüpfen sich an „soll x" genug neue Probleme. Aus der abstrakten Rechtsfolge des Gesetzes ist erst durch erneute Subsumtion die konkrete Rechtsfolge zu finden, die in den Urteilstenor aufgenommen werden kann: A hat an B 1000 € zu zahlen.

d) Typisch juristische Schlüsse und Schlussfehler

49 Zwischen (objektiver) Logik und (subjektiver) Wertung stehen die folgenden, der Rhetorik entlehnten und zur juristischen Argumentation (vgl. Rn. 95 f.) verwendeten Schlüsse. Die Abgrenzung zwischen Logik und Argumentation ist nicht leicht, zumal die Begriffe ursprünglich weitgehend synonym verwendet wurden. Aber während ein logischer Schluss vernünftig i.S.v. richtig sein *muss*, *kann* ein Argument auch unvernünftig i.S.v. falsch sein (und dennoch erfolgreich …).[54]

Wenn zur Subsumtion im konkreten Fall eine brauchbare Norm fehlt, kann dies eine bewusste Gesetzeslücke sein. Der Gesetzgeber wollte die Norm nicht und dies ist zu respektieren. Beispiel: Unter Geschwistern besteht keine Unterhaltspflicht (vgl. §§ 1601, 1589 BGB); eine Verurteilung, Unterhalt zu leisten, wäre daher rechtswidrig. Oder es liegt eine unbewusste Lücke **(planwidrige Unvollständigkeit des Gesetzes)** vor, oft aufgrund des technischen und gesellschaftlichen Fortschritts, auf welchen der Gesetzgeber (noch) nicht reagiert hat. Ein konkreter Fall muss aber trotzdem entschieden werden (Rechts- bzw. Justizverweigerungsverbot).

Die Lückenfüllung ist **Rechtsfortbildung** (genauer Rn. 71) und geschieht durch **Analogie** (argumentum a simile = Folgerung vom Ähnlichen). Sie wird abgelehnt durch das

53 Recht und Logik, FORUM 1965, S. 421 u. 495.

54 *Wieacker* meinte in diesem Zusammenhang über den berühmten Rhetoriker *Cicero*: „Wir können uns geradezu darauf verlassen: wenn Cicero juristisch Unrichtiges vorbringt, ist das meist nicht Uninformiertheit, sondern böse Absicht."

Gegenstück der Analogie, den **Umkehrschluss** (argumentum e contrario). Während der Analogieschluss dem Grundgedanken des juristischen Syllogismus und dem Gleichheitsgrundsatz folgt, argumentiert der Umkehrschluss mit dem („beredten") Schweigen des Gesetzes (deshalb auch argumentum e silentio; Beispiel ist die Unterhaltspflicht unter Geschwistern, s.o.).

Die Prüfung, ob die Interessenlage vergleichbar ist, enthält immer Wertungen und deshalb sind Analogien und Umkehrschlüsse nicht logisch zwingend. Rechtstheoretisch wird die Bildung einer Analogie unter den beiden (zu prüfenden!) Voraussetzungen einer planwidrigen Lücke und einer vergleichbaren Interessenlage als zulässig angesehen.

Beispiel: Wenn jemand unter fremdem Namen handelt (X nimmt sich im Hotel ein Zimmer unter dem Namen des Y), so stellt man bei einem Blick in das Gesetz fest, dass dieser Fall im BGB nicht geregelt ist (Lücke). Der Gesetzgeber hat diese Konstellation aber nicht ausscheiden wollen (Planwidrigkeit). Für die Lösung wird die Frage nach der Vergleichbarkeit mit der Interessenlage bei einer Stellvertretung (§§ 164 ff. BGB) gestellt. Es wird danach unterschieden, ob der Gläubiger (Hotelier H) mit dem Handelnden selbst einen Vertrag schließen wollte – dann liegt keine Stellvertretung vor, sondern eine sog. Namenstäuschung und der Vertrag kommt mit dem Handelnden (X) zustande. Wollte H hingegen nur mit dem echten Namensträger kontrahieren, dann zieht man §§ 164 ff. BGB analog heran und es kommt also auf die Frage einer Vollmacht (des Y), ggf. durch zurechenbaren Rechtsschein, an.

Ein Unterfall der Analogie ist der **Erst-recht-Schluss** (argumentum a fortiori = Folgerung vom Stärkeren auf das Schwächere). Standardbeispiel ist die rechtswidrige Enteignung: Wenn nach Art. 14 Abs. 3 GG schon die zulässige, recht*mäßige* Enteignung zu einer Entschädigung des Enteigneten führt, dann *erst recht* die (nicht geregelte und unzulässige) rechts*widrige* Enteignung (Art. 14 Abs. 3 GG analog). Der Schluss in diesem Beispiel wird als **argumentum a minore ad maius** (Folgerung vom Kleineren auf das Größere) bezeichnet. Auch das **argumentum a maiore ad minus** (Schluss vom Größeren auf das Kleinere) ist ein Unterfall des Erst-recht-Schlusses. Beispiel: Kann man ein Arbeitsverhältnis nach § 626 BGB aus wichtigem Grund fristlos kündigen, dann erst recht aus dem gleichen Grund fristgemäß.

Im Strafrecht gilt wegen Art. 103 Abs. 2 GG das **Analogieverbot** zu Lasten des Täters. Um den staatlichen Strafanspruch zu rechtfertigen, muss die Strafbarkeit bei Begehung der Tat erkennbar und deshalb gesetzlich bestimmt sein (Rn. 22).

Die **teleologische Extension** ist ein Spezialfall der Analogie. Der Tatbestand der Norm ist (ungewollt) zu eng gefasst, um den konkreten Fall zu erfassen, wird aber analog angewendet wegen der vergleichbaren Interessenlage. Beispielsweise ist in § 107 BGB von lediglich rechtlich *vorteilhaften* Willenserklärungen die Rede; tatsächlich wird dies von der herrschenden Meinung jedoch erweitert auf rechtlich *nicht nachteilige* (sog. neutrale) Willenserklärungen.

Die **teleologische Restriktion** oder **Reduktion** hat hingegen wenig mit Lückenfüllung zu tun, ist keine Analogie, sondern umgekehrt wird ein zu weit gefasster Tatbestand enger gefasst (reduziert). Beispiele finden sich in Rn. 69 und 71.

Als häufigster **Schlussfehler** nach dem Widerspruch (oben Rn. 37) wird vorwurfsvoll die **petitio principii** genannt, am besten zu übersetzen mit „Unterstellen der Voraussetzung“: jemand schummelt eine Prämisse ein. *E. Schneider* bringt als Beispiel den jüdischen Witz, in dem zwei Talmud-Studenten „klären“, weshalb das religiöse Verbot gelte, den Kopf unbedeckt zu tragen, obwohl die Tora nichts darüber sage. Schließlich sagt einer der beiden:

> „Das ist wahr, wörtlich drinstehen tut es nicht. Aber die Tora ist voll von Hinweisen. Da steht zum Beispiel ‚Jacob kam von Berschewa und ging nach Haran‘. Glaubst du im Ernst, dass ein so frommer Jude wird gegangen sein einen so langen Weg mit unbedecktem Kopf?“

In der Juristerei findet man die petitio principii oft bei einer verkürzten Argumentation, einem Sprung im Schließen („saltus in concludendo“). Z.B. wenn das eigentliche Problem bei der Beweislastverteilung liegt, ist

> (4) „Die Unklarheit geht zu Lasten des Klägers. Denn er trägt die Beweislast.“

natürlich kein Argument. Ähnlich ist bei

> (5) „Der Unternehmer haftet. Denn er trägt das Betriebsrisiko.“

zu fragen, ob nicht erst der festgestellte Umfang seiner Haftung das Betriebsrisiko ergibt. Die Lehre vom Betriebsrisiko lässt wenige dem Streit entzogene Schlussfolgerungen zu.

Die vollkommenste Gestalt des Schlussfehlers liegt vor, wenn Prämisse und Folgerung sich gegenseitig aufheben: **circulus vitiosus** (= fehlerhafter Kreis), so wenn jemand einen Pass nur bekommt, wenn er Arbeit hat und Arbeit nur, wenn er einen Pass hat. (Eine Parallele dazu ist die Zirkel-Definition: oben Rn. 35.)

4. Der Stufenbau der Rechtsordnung

a) Verhaltensnormen

50 Gebote, Verbote, Erlaubnisse, Freistellungen: oben Rn. 42 ff.

b) Ermächtigungen

51 Mit den vier Normtypen Gebot, Verbot, Erlaubnis, Freistellung (= Verhaltensnormen) lassen sich alle Teile der Rechtsordnung darstellen und verstehen, die von Verhaltenspflichten geprägt sind. Die **Pflicht** (zu tun, zu unterlassen) ist direkte Folge einer Verhaltensnorm: sie ist der Inhalt dieser Norm aus der Sicht des Normadressaten. Für den korrespondierenden Begriff des (subjektiven) Rechts werden wir später die Figur des Normbegünstigten einführen.

Etwas prinzipiell anderes liegt vor, wenn § 17 des Berliner Polizeigesetzes (ASOG), übereinstimmend mit anderen Polizeigesetzen, bestimmt:

(1) „Die Ordnungsbehörden und die Polizei können die notwendigen Maßnahmen treffen, um eine im einzelnen Falle bestehende Gefahr für die öffentliche Sicherheit und Ordnung (Gefahr) abzuwehren …"

Denken wir nicht an die Zulässigkeit unmittelbaren Tuns, sondern an die Möglichkeit von polizeilichen Verfügungen! Dazu müssen wir neue normlogische Begriffe einführen. Bei (1) wird keine Verhaltensregelung getroffen, sondern eine **Befugnis** (Kompetenz) zugeteilt, die, solange sie nicht ausgeübt wird, die Welt des Normativen unbehelligt lässt.

Man könnte fälschlich daran denken, die Formel (1) mit dem Erlaubnis-Begriff zu packen[55]. Aber das neuartige Element von (1) ist nicht die Handlungsfreiheit der Behörde – dies wäre nicht verschieden von Notwehr und Nothilfe, noch nicht einmal beim Todesschuss – sondern ihre *Macht*, eine *verbindliche* Regelung zu treffen und damit auf die Handlungsfreiheit anderer einzuwirken. Dazu bedurfte es der Übertragung einer sonst nicht gegebenen Rechtsetzungspotenz. Wir haben es bei (1) mit einer **Ermächtigungsnorm** zu tun. Ermächtigungsnormen wirken nicht direkt auf menschliches Verhalten ein, sondern verleihen die Befugnis, Normen zu setzen, vor allem Verhaltensnormen. Die Anordnung etwa eines Polizisten an Demonstranten

(2) Zerstreuen Sie sich!

ist Verhaltensnorm im rechtstheoretischen Sinne, auch wenn der Verwaltungsrechtler in ihr einen Einzelakt (Allgemeinverfügung?) sieht. Jedenfalls steht hinter (2) mehr als eine Erlaubnis. (2) auszusprechen ist niemandem verwehrt. Nur, aus Ihrem oder meinem Munde würde (2) keine Handlungspflichten der jeweiligen Adressaten auslösen, anders aber bei den Adressaten des von (1) gestützten Polizeibeamten.

Beispiel für eine Ermächtigung ist auch § 1 TVG (Text Rn. 85). Die Adressaten dieser Vorschrift, die Verbände, erhalten die Befugnis, durch Tarifverträge das Verhalten tarifgebundener Arbeitgeber und Arbeitnehmer zu steuern.

Es ist strittig, ob erst § 1 TVG Quelle der Normsetzungsmacht ist – so die herrschende **Delegationstheorie** – oder ob diese unabhängig davon, aus dem Eigenrecht der Verbände besteht – so die **Autonomietheorie**[56].

Die Vorstellung der Ermächtigungsnorm hilft uns, dem grundlegenden **Geltungsproblem** 52
näher zu rücken. Wenn einem Arbeitgeber eine Verpflichtung durch tarifvertragliche Vorschrift auferlegt wird, z.B. Lohnerhöhung zu gewähren, so werden evtl. Zweifel an ihrer Gültigkeit durch § 1 TVG ausgeräumt, vorausgesetzt nur, die dort genannten Bedingungen (wie Schriftform) sind gewahrt. **Eine Verhaltensnorm ist dann gültig, wenn sie einer übergeordneten Ermächtigungsnorm entspricht.** Ein Gesetz ist gültig,

---

55 Vgl. aber *Weinberger*, Die normenlogische Basis der Rechtsdynamik, in: Klug u.a. (Hrsg.), Gedächtnisschrift Rödig 1978, S. 173, 182. Eine Ermächtigung kann schon deshalb keine Erlaubnis sein, weil die Negation der Erlaubnis zu einem Verbot führt, die der Ermächtigung zu einer Entmachtung (z.B. beim früheren Entmündigten, dem es aber nicht verboten war, wie ein Gesunder zu agieren). Vgl. heute §§ 1897 ff. BGB „Rechtliche Betreuung".

56 Gründlich dazu *Wiedemann/Stumpf*, TVG, 7. Aufl. 2007, § 1 Anm. 34 ff.

Es = Gesetz

wenn es verfassungsgemäß zustande gekommen ist und auch inhaltlich der Verfassung entspricht. *Es muss der Urheber der Verhaltensnorm Adressat einer Ermächtigungsnorm sein*, und die Ausübung der Ermächtigung muss den Bedingungen dieser Ermächtigungsnorm entsprechen. Wenn nicht, tritt Nichtigkeit oder Anfechtbarkeit ein. Die Normstufe, die die Ermächtigungsnorm enthält, ist übergeordnet (superior) der Norm auf der Stufe der Ausübung, was sich im Falle der Kollision zeigt: lex superior derogat legi inferiori (= die höherrangige Norm verdrängt die rangniedrige).

Während der Verstoß gegen Verhaltensnormen typischerweise Sanktionen nach sich zieht (Strafe, Schadensersatzpflicht), ist die Rechtsfolge eines Verstoßes gegen Ausübungsregeln einer Ermächtigung die Unwirksamkeit des Ausübungsaktes (der *zugleich* auch verboten sein kann, wie bei der Amtsanmaßung). Manche Ermächtigungsregeln schreiben nur das einzuhaltende Verfahren vor, andere auch den zulässigen Inhalt der Rechtssetzung: so die Grundrechte des GG dem Gesetzgeber (teils negativ: Art. 2; teils positiv: Art. 20 I Sozialstaat), § 138 BGB den Vertragsschließenden.

Da der hier entwickelte Geltungsbegriff rein normlogisch ist (Übereinstimmung mit der übergeordneten Ermächtigungsnorm), kommt es auf die **Effektivität** nicht an (entgegen *Kelsen*, Rechtslehre S. 215). Effektivität der Norm ist ein rechtssoziologisches Problem (daher darüber genauer *Th. Geiger*, Vorstudien, S. 228 ff.).

53 Den Rechtsfolgeunterschied Verhaltensnorm/Sanktion, Ermächtigungsnorm/Unwirksamkeit haben die römischen Juristen beinahe schon auseinandergeklaubt. *Ulpian:*

> „Perfecta lex est, quae vetat aliquid fieri et, si factum sit, rescindit." (libro sing. Reg. 1, 1, 2)

(= vollkommen ist ein Gesetz, das verbietet, irgendetwas zu tun und, wenn es (doch) getan wird, dieses aufhebt). Eine solche Doppelfolge kommt aber nur in den untypischen Fällen vor, in denen es *verboten* ist, sich den Schein einer Ermächtigung zu erschleichen (bei der Amtsanmaßung). Noch nicht einmal beim Betrug könnte Ulpian von einer „vollkommenen" Regelung sprechen, weil das Tun des Betrügers zwar verboten ist (§ 263 StGB), jedoch eine zunächst gültige, nur anfechtbare Regelung (§ 123 BGB) hervorbringt. Und dass die Scherzerklärung zwar nichtig (§ 118 BGB), jedoch das Handeln des Scherzboldes nicht verboten ist, wird kein Freund wahren Humors „lex minus quam perfecta" nennen (§ 122 ist keine Sanktion!). Ähnlich *darf* ein Kind Willenserklärungen abgeben, nur *kann* es dies nicht mit Rechtswirksamkeit. Merke: *Ermächtigung impliziert nicht Erlaubnis!* (Ebensowenig umgekehrt!)

Das Geltungsproblem für Verhaltensnormen ist mit dem Hinweis auf eine Ermächtigung noch nicht behoben, weil man weiter nach deren Gültigkeit fragen kann. Dazu muss man eine **höherrangige Ermächtigungsnorm** finden.

54 Dieses hartnäckige Fragen nach der Geltung (Gültigkeit) führt zu **Delegationsketten**, die vorerst in der höchstrangigen Norm, der Verfassung enden, etwa (VA = Verwaltungsakt, VO = Verordnung, G = Gesetz):

VA → VO → G → Verf. = GG

Da diese Rechtsfigur allgemein-gültig ist, kann man die gesamte Rechtsordnung als einen **Stufenbau von Normen** denken: auf der untersten Stufe alle Verhaltensnormen, darüber Ermächtigungsnormen 1., dann 2 … . schließlich letzte Stufe = Verfassung. Dies ist nicht nur ein theoretisches Modell, sondern es entspricht der praktischen Aufgabe korrekter Fallbearbeitung[57]. (Durch das supranationale Einwirken europäischer Richtlinien ist das Modell nur komplizierter geworden!)

Beispiel: Die Baubehörde hat den Abriss eines Hauses verfügt. War die Verfügung gültig? Dazu bedarf es einer Ermächtigungsnorm. Diese findet sich in einer BauVO. Ist die VO gültig? Dazu bedurfte der VOgeber einer Ermächtigungsnorm. Diese findet sich in einem BauG. Ist dieses BauG gültig? Dazu muss es dem GG entsprechen, insbesondere Art. 80 über die Zulässigkeit von VO-Ermächtigungen. Nach der Gültigkeit der Verfassung fragen wir unten Rn. 62 f.

Vom Stufenbau-Modell lässt sich der wichtige Art. 80 GG besser begreifen: nämlich als eine formelle Bindung und damit Einschränkung möglicher Delegationen

c) Personal- oder Organisationsnormen

Wenn eine Verfassung oder ein Gesetz Ermächtigungen erteilen will, müssen dafür 55
geeignete Adressaten vorhanden sein. Wenn sie erst zu errichten sind – wie juristische Personen, Institutionen oder Räte (Betriebsrat, Personalrat) – so müssen Bedingungen ihres Entstehens genannt werden. Solange kein Betriebsrat besteht, greifen alle Vorschriften des BetrVG über die betriebliche Mitbestimmung ins Leere.

Das gilt selbst für natürliche Personen. Ein Satz wie

„Alle Menschen sind rechtsfähig" (vgl. § 1 BGB)

wirkt heute so selbstverständlich, dass man in ihm keinen Regelungsgehalt erkennt. Dass dieser doch gegeben ist, zeigt sich daran, dass angesehene Rechtsordnungen die Subjektqualität teilweise den ihr Unterworfenen vorenthalten haben, wie das römische Recht den Sklaven. Zwar wäre das heutige, unter dem GG stehende Zivilrecht zweifellos verpflichtet, alle Menschen unterschiedslos zu Subjekten zu erheben, aber § 1 BGB ist dann nicht weniger als die Erfüllung dieser Verfassungspflicht. Also: **„auch natürliche Personen sind juristische Personen"**[58]. Oder: ohne Subjektivierung würden Menschen „natürliche Personen" bleiben, für die Rechtsordnung allenfalls als Tatbestandsmerkmale relevant. Aber bitte keine Beunruhigung: wir *sind* rechtsfähig.

---

57 *Hanau*, in: Hanau/Adomeit, Arbeitsrecht, H II, prüft den Lohnanspruch des Arbeitnehmers gemäß dem Stufenbau des Arbeitsrechts: Zusage, Vertrag, Betriebsvereinbarung, Tarifvertrag, Gesetz, Verfassung.

58 *Lehmann*, Allgemeiner Teil, 7. Aufl. S. 397. Vgl. auch *Windel*, Ist der Mensch eine „juristische" Person?, in: Gödicke u.a. (Hrsg.), FS Schapp 2010, S. 537 ff.

Ob man Personal- oder Organisationsnormen als besondere Kategorie ausgliedert, ist eine Frage der Zweckmäßigkeit. Manche wollen sie nur als Sonderform der Ermächtigungen sehen, als „personale Voraussetzungen der Ausübung von Ermächtigungen“[59].

Aber die sachliche Bedeutung und der große Raum, den Organisationsvorschriften in vielen Gesetzen einnehmen (Gesellschaftsrecht, Mitbestimmung, Hochschulrecht) sprechen für gesonderte Behandlung.

Die Gleichartigkeit von Organisationsnormen und Ermächtigungsnormen liegt darin, dass ihre Nicht-Beachtung – wenn nicht zugleich Verhaltenspflichten verletzt sind – lediglich zur Unwirksamkeit des Ausübungs- oder Organisationsaktes führt: eine Betriebsratswahl ist anfechtbar, ein Verein hat keine Rechtsfähigkeit erworben, ein konstruktives Misstrauensvotum hat den Kanzler bzw. die Kanzlerin nicht gestürzt.

5. Elementare Zivilrechtstheorie

a) Subjektive Rechte

56 Die Pflicht zu einem Verhalten war normlogisch leicht zu erfassen: als die **Position des Adressaten einer Verhaltensnorm**. Eine Pflicht kann allgemein der Rechtsordnung gegenüber bestehen, ohne einen individuell Begünstigten: so alle Pflichten aus dem StGB, die zumeist Unterlassungspflichten sind (nicht zu morden usf.), in wenigen Fällen Handlungspflichten („echte Unterlassungsdelikte“). Die Transformation in das zivilrechtliche Pflichtensystem leistet erst § 823 Abs. 2 BGB (Schutzgesetz). Im Strafrecht werden zwar auch individuelle Rechtsgüter geschützt, im Vordergrund steht aber das Gewaltmonopol des Staates, das diese Pflichten begründet bzw. ihre Verletzung sanktioniert.

Für das Zivilrecht ist dagegen typisch, dass die Pflicht gegenüber jemandem besteht, dessen subjektives Recht der Pflicht korrespondiert. So vor allem bei der Leistung, die einem anderen zu erbringen ist: § 241 BGB. Aber auch wenn man verpflichtet ist, Störungen von Eigentum und sogar von Besitz zu unterlassen: Begünstigter ist dann der jeweilige Eigentümer oder Besitzer. Die normlogische Relation wird dreigliedrig, neben den Urheber und den Adressaten einer Norm tritt **der Begünstigte**.

Die Denkfigur des subjektiven Rechts wird von einigen Theoretikern für entbehrlich gehalten. Besonders entschieden *Kelsen:*

> „Der in Frage stehende Sachverhalt ist erschöpfend mit der Rechtspflicht des Individuums (oder der Individuen) beschrieben, sich einem anderen Individuum gegenüber in bestimmter Weise zu verhalten.“ (Rechtslehre, S. 132)

---

59 *Ross*, Directives and Norms, 1968, S. 130: „... those (norms) which prescribe what person is qualified to perform the act which creates the norm (personal competence).“ Vgl. auch *Röhl/Röhl*, Allgemeine Rechtslehre, 2. Aufl. 2008, S. 237 ff.

Richtig ist daran, dass Recht und Pflicht nicht zwei Rechtsverhalte sind, sondern einer, aus verschiedenen Perspektiven betrachtet. Aber es trifft nicht zu, dass sich das subjektive Recht ganz auf prozessuale Befugnisse („Klagerecht") reduzieren ließe. Schon der Anspruch gibt dessen Inhaber eine Zahl von **Freiheiten**, in Positionen des Verpflichteten einzugreifen: Anmahnung, Klagedrohung, im Not- und Grenzfall Selbsthilfe (§ 229 BGB), verstärkt durch die Befugnis zur Abtretung nach § 398 BGB als Geschäft nur zwischen altem und neuem Gläubiger, der Schuldner muss noch nicht einmal informiert werden (zum Schrecken vieler Kreditnehmer, als die Banken ihre Forderungen an Inkasso-Unternehmen zediert hatten).

An der **Selbsthilfe** lässt sich – auch wenn sie wegen des **Gewaltmonopols** der Rechtsordnung Ausnahme ist – der Gehalt des subjektiven Rechts gut verstehen. Der Rechtsinhaber erhält Zugriffmöglichkeiten auf die Sphäre des Verpflichteten – normlogisch gesehen eine **Erlaubnis** zum Eingriff. (Dass schon die Anmahnung Eingriffscharakter besitzt, zeigt sich daran, dass bei gewerblichen Schutzrechten die unberechtigte Anmahnung des Unterlassens als rechtswidrig gilt: BGHZ 62, 29.)

Beim **Eigentum** – als dem Beispiel für ein absolutes Recht – wird man vielleicht an eine Beziehung zwischen einer Person und einer Sache denken. Aber Sachen stehen außerhalb der Rechtsordnung im strengen Verständnis, da sie nicht Sollensregeln unterfallen. Besonders ingrimmig hatte *Kant* die Vorstellung verfolgt, es könne ein Sachenrecht geben (Rechtslehre § 11). Auch Sachenrechte sind (potentielle) Beziehungen zwischen Personen, nur tatbestandlich an eine Sache geknüpft. 57

Nach § 903 BGB ist der wesentliche Gehalt des Eigentums **Nutzung** („nach Belieben verfahren") und **Abwehr** („andere von jeder Einwirkung ausschließen"). Was geht hier rechtlich vor? Dem Eigentümer wird eine Freiheit zum Handeln eingeräumt, eine umfassende Erlaubnis. Diese Erlaubnis erstreckt sich im Abwehr-Bereich auch auf grenzziehende Handlungen wie Einschließen, Umzäunen, bis hin zur Verteidigung im Notwehrfall. Dass die Notwehrregelung (§ 227 BGB) Erlaubnischarakter hat, ist leicht einzusehen, weil sie eine Ausnahme von dem generellen Gewaltverbot darstellt. Und was bedeutet es, wenn der Grundstückseigentümer ein Schild

„Betreten verboten!"

in den Rasen pflanzt? Die meisten würden darin den tatsächlichen Hinweis auf die gegebene Rechtslage sehen. Anders Eugen Bucher,[60] der das „verboten" wörtlich nimmt und als gültige Norm ansieht. Für ihn ist jedes subjektive Recht eine Normsetzungsbefugnis unterster Stufe – eine konsequente Fortführung der Stufenbaulehre! Zuletzt ist zum Eigentum wie zu anderen absoluten Rechten zu ergänzen, dass im Verletzungsfall sein Schutz durch sekundäre Ansprüche verwirklicht wird, auf Unterlassung nach § 1004, auf Herausgabe nach § 985 und/oder § 812, auf Schadensersatz nach § 823 Abs. 1 BGB.

60 *Bucher*, Das subjektive Recht als Normsetzungsbefugnis, 1965; *Röhl/Röhl*, Allgemeine Rechtslehre, 3. Aufl. 2008, S. 237 ff., S. 553 ff.

b) Hohfelds Theorie von Recht und Macht

58 Eine berühmt gewordene Fortführung der Theorie vom subjektiven Recht erfolgte 1913 durch den nordamerikanischen Gelehrten *Hohfeld*[61]. Er ging dabei vom Sprachgebrauch des Wörtchens „right" aus. Er fand gleich 4 Bedeutungen von „right":

1. Anspruch (claim), Beispiel: „Ich habe das Recht, von Ihnen 1000 € zu fordern!"
2. Freiheit (privilege), Beispiel: „Ich habe das Recht, diese Durchfahrt zu benutzen!"
3. Macht, Befugnis (power), Beispiel: „Ich habe das Recht, dir Anordnungen zu geben!" „Schließlich bin ich dein Vater!"
4. Unabhängigkeit (immunity), Beispiel: „Ich habe das Recht, meine Angelegenheiten selbst zu regeln!" „Du vergisst, dass ich seit gestern volljährig bin!"

Nähere Betrachtung ergibt, dass 1. mit 2. sowie 3. mit 4. in engem Zusammenhang stehen, und zwar dem des negatorischen Gegensatzes. Ein bestehender Anspruch negiert partiell die gegnerische Handlungsfreiheit, Handlungsfreiheit setzt das Nicht-Bestehen von Ansprüchen voraus (im Zivilrecht wird das Nicht-Bestehen von Unterlassungsansprüchen ungenau als „Duldungspflicht" bezeichnet). Und: eine bestehende Befugnis (power[62]) negiert die gegnerische Unabhängigkeit, Unabhängigkeit setzt das Nicht-Bestehen eines Machtverhältnisses voraus. Außerdem liegt die Vermutung nahe, dass 1. und 2. auf Verhaltensregelungen, 3. und 4. auf Kompetenzregelungen beruhen. Dies kann man beim Direktionsrecht des Arbeitgebers und beim Eltern/Kind-Verhältnis leichter begreifen.

c) Direktions- und andere Gestaltungsrechte

59 Der Arbeitgeber kann dem Arbeitnehmer, Eltern können ihren Kindern Anordnungen geben. Auch wenn die alte Bezeichnung „elterliche Gewalt", die den Vorzug der Klarheit hatte, seit langem durch den betulichen Ausdruck „Sorge" ersetzt ist, bleibt die Anordnungsbefugnis der Erziehungsberechtigten und das Recht, den Aufenthalt des Kindes zu bestimmen. Was bedeutet das väterliche Machtwort:

> „Du bist spätestens um 24 Uhr zu Hause!"

(mütterliche Zustimmung vorausgesetzt)?

Rechtstheoretisch besteht keine Schwierigkeit, hier eine Verhaltensnorm von Gebotstyp zu sehen. Der rechtstheoretische Normbegriff ist weit gefasst, schöpft den ganzen Bereich möglicher Rechtsfolgeanordnungen aus und ist nicht zu verwechseln mit den

---

61 *Hohfeld*, Fundamental Legal Conceptions, Yale University Press 1964 (Neudruck von 2 Aufsätzen aus den Jahren 1913 u. 1917).

62 Unter „ power" hat *Hohfeld* auch Befugnisse der Privatautonomie eingeordnet. Er bringt als Beispiele (S. 51) die Dereliktion, die Verfügungsbefugnis, die Rechte des Vertreters und allgemein „the power to create contractual obligations". Wichtig auch *H. L. A. Hart*, Bentham on Legal Powers, Yale Law Journal, Vol. 81 (1971/72), S. 799 ff.

Normbegriffen des positiven Rechts (Art. 2 EGBGB, § 546 ZPO). Die Ermächtigungsgrundlage für das Mitternachtslimit sind die §§ 1626 ff. BGB, insbesondere § 1631 BGB („beaufsichtigen"). Das wichtigste ist, dass die Eltern-Kind-Beziehung insofern keine Anspruch-Pflicht-Beziehung, sondern eine **Macht-Abhängigkeits-Beziehung** ist. Eltern haben, kraft gesetzlicher Ermächtigung, die Befugnis (power), Anordnungen zu erteilen und dadurch erst gültige **Pflichten zu schaffen**. Der Eintritt der Volljährigkeit erlöst aus der Abhängigkeit und lässt endlich den Zustand der „Immunität" *(Hohfeld)* eintreten.

Ähnlich steht es um den Arbeitnehmer. Aber eine gesetzliche Grundlage für das arbeitsrechtliche Direktionsrecht ist nicht leicht zu finden. Man sagt, dass sich der Arbeitnehmer durch Vertrag der Direktion des Arbeitgebers unterworfen hat. Wenn sich jemand freiwillig (vertraglich) in Abhängigkeit begibt, kann man das **Unterwerfung** *(Böttcher)* nennen: der eine Vertragspartner ermächtigt den anderen, ihm Pflichten aufzuerlegen. Ob so etwas zulässig ist, kann nur aus einer übergeordneten Norm folgen, die mit § 315 Abs. 1 BGB („Bestimmung der Leistung durch eine Partei") gegeben ist; allerdings mit der (unklaren) Einschränkung des billigen Ermessens.

Das Direktionsrecht ist also auch hier ein Recht vom Typ Befugnis (power). Es gibt dem Arbeitgeber für sich keinen Anspruch, sondern – was stärker ist – die Möglichkeit, sich Ansprüche zu verschaffen. Im Zivilrechtssystem werden solche Befugnisse **Gestaltungsrechte** genannt. Zu ihnen gehören auch die Möglichkeiten negativer Einwirkung auf Rechtsverhältnisse wie das Kündigungsrecht, die Anfechtung.

d) Vertrag und Privatautonomie

Mit dem schuldrechtlichen Vertrag ordnen die Partner (partiell) ihre rechtlichen Bezie- **60**
hungen durch Verhaltensregeln vom Typ Gebot/Verbot, durch Normen, wozu sie laut § 311 Abs. 1 BGB ermächtigt sind. Zwar wird bei einem schnell kontrahierten Kaufgeschäft vom Muster

> „Ich nehme das da!"

kein Wort normativer Bedeutung gewechselt, im Selbstbedienungsladen gar kein Wort. Das liegt daran, dass die Partner durch unsere §§ 433 ff. BGB entlastet sind. Die von ihnen nicht getroffene Regelung wird vorweg geliefert. Bei individuell ausgehandelten, besonders notariellen Verträgen wird jede Verpflichtung genauestens (in Paragraphen!) aufgeführt.

Ein normatives Verständnis des Vertrags erklärt, dass Gesetz und Vertrag austauschbar sind (Ansprüche aus Gesetz, Ansprüche aus Vertrag: beides Anspruchsgrundlagen); dass Verträge wie Gesetze Gebote und Verbote aussprechen können (das vertragliche Wettbewerbsverbot!); dass Gesetz und Vertrag kollidieren können (Kollisionsregeln: dispositiv, zwingend); und dass bei Häufung übereinstimmender Vertragsregelungen (Einheitsverträge, Allgemeine Bedingungen) gesetzesähnliche Wirkungen auftreten, die dann auch die Revisibilität oder ein abstraktes Normenkontrollverfahren auslösen. In der Sache besteht auch Einigkeit. Ein terminologischer Streit um den Normbegriff wäre unfruchtbar. Es gilt Art. 1134 Code Civil:

„Les conventions légalement formées tiennent lieu de loi à ceux qui les ont faites." (Die rechtsgültig geschlossenen Vereinbarungen nehmen für die, welche sie getroffen haben, die Stellung eines Gesetzes ein.)

61 Uneinigkeit herrscht über die *Herkunft* der vertraglichen Regelungsmacht. Ähnlich wie bei Tarifverträgen (oben Rn. 51) stehen sich auch hier **Delegationstheorie** und **Autonomietheorie** gegenüber. Die letztere betont den Gedanken der Privatautonomie und will die Möglichkeit, sich durch Verträge zu verpflichten, als ein natürliches, jeder Rechtsordnung vorgegebenes Recht sehen.

Nun konnten allerdings die Neandertaler N_1 und N_2 einen Mammutzahn gegen einen griffigen Feuerstein tauschen, und sie konnten sich auch die Vornahme eines solchen Tausches **versprechen**. Aber mangels bestehender Rechtsordnung ist nicht zu sehen, worauf die Verbindlichkeit eines solchen Versprechens beruht haben soll (Drohung mit privater Gewalt und Furcht vor Gewalt schaffen keine rechtliche Verbindlichkeit!). **Rechtliche Verbindlichkeit kann nur auf rechtlicher Ermächtigung beruhen**, weshalb die Delegationsvorstellung korrekter ist. Damit wird immerhin erleichtert, die Rechtsordnung als Einheit zu sehen. Denn, was man im Verwaltungsrecht „Gesetzmäßigkeit der Verwaltung" oder „Vorrang des Gesetzes" nennt, hat nichts Besonderes. Auch im Zivilrecht bedarf man, um auf Rechtslagen verändernd einzuwirken, der gesetzlichen Ermächtigung (wie § 311 Abs. 1 BGB: Vertragsfreiheit). Es wäre auch nicht sozial vertretbar, wenn der Vertrag, ein gegenüber dem ökonomisch oder intellektuell Unterlegenen so gefährliches Instrument *(Otto v. Gierke)* juristisch ohne Kontrolle bliebe[63]. Die Grenzen der Privatautonomie sind in den letzten Jahrzehnten – vielfach durch Druck aus Europa – immer enger gezogen worden: AGB-Kontrolle, Verbraucherschutz, Gleichbehandlung[64].

Man muss sich beeilen, hinzuzufügen, dass die vom BGB gewährte allgemeine Privat„autonomie" staats- und wirtschaftpolitisch ungemein zweckmäßig ist und dass es unserem Gesetzgeber vom Grundgesetz verwehrt wäre, diese Befugnis wieder einzustreichen (ob partiell und inwieweit, ist immer eine der Kampfzonen der **Rechtspolitik**)[65]. In den Zeiten der (aus staatlichen Mitteln gemilderten!) Bankenkrise wünschte man sich jedoch, der Gesetzgeber hätte der Zockerei rechtzeitig klarere Grenzen gesetzt[66].

Jedenfalls ordnet sich der Vertrag so in den Stufenbau der Rechtsordnung ein. Man kann die Befugnis, sich durch Verträge zu verpflichten, einer neuen Gruppe *zweiseitiger* Gestaltungsrechte zuordnen[67].

---

63 Vgl. *Canaris*, Die Bedeutung der justitia distributiva im deutschen Vertragsrecht, 1997.
64 Dazu etwa *Wagner*, Was bleibt von der Privatautonomie?, in: Blaurock/Hager, Obligationenrecht im 21. Jahrhundert, 2010, S. 13 ff.
65 Zur Bürgschaft und zum Unwirksamkeitsgrund der „gestörten Vertragsparität" BVerfG NJW 1994, 36 und dazu *Adomeit*, NJW 1994, S. 2467.
66 § 762 I S. 1 BGB („Durch Spiel oder durch Wette wird eine Verbindlichkeit nicht begründet.") ist hier wirkungslos wegen S. 2 der Vorschrift.
67 Darüber *Adomeit:* Gestaltungsrechte, Rechtsgeschäfte, Ansprüche, 1969.

Frage 5

Worin liegt der Unterschied, wenn Eltern ihrem Kind etwas erlauben – etwas genehmigen? Antwort unten S. 116.

6. Geltung und Grundnorm

Der letzte Abschnitt des normlogischen Teils muss noch einmal das Geltungsproblem aufgreifen. Bisher hatten wir gesehen, dass sich Geltungsfragen innerhalb des Stufenbau-Systems leicht – im Prinzip leicht – beantworten lassen. Die Geltung einer Norm ergibt sich aus nichts anderem als aus einer anderen Norm, und zwar einer übergeordneten Ermächtigungsnorm, deren formelle und materielle Erfordernisse zu überprüfen sind. In gleichartiger Weise ist so die Gültigkeit (oder Ungültigkeit) eines Verwaltungsaktes, eines Rechtsgeschäfts, einer VO, schließlich eines Gesetzes festzustellen, letzteres am Maßstab der Verfassung. Die Verfassung ist innerhalb des Systems letzte Berufungsinstanz, in europarechtlichen Zusammenhängen das Unionsrecht. 62

Diese Methode ist aber nicht mehr anwendbar, wenn das ganze System in Frage gestellt, m.a.W. die Geltung der Verfassung in Zweifel gezogen wird. Aus diesem Zweifel kann leicht Verzweiflung werden, weil keine zufriedenstellende Antwort in Sicht ist. Aus den Denkanstrengungen der Jahrhunderte sind drei Geltungstheorien anzusprechen.

- **Offenbarungstheorie.** In der Präambel des GG ist von „Gott" die Rede. Die archaischen Rechtsordnungen verstanden sich als göttliche Setzung. Die ersten historischen Gesetzgeber (Moses, Hammurabi) legten großen Wert darauf, nicht selbst gesetzt, sondern nur empfangen zu haben. Spätestens *Solon*[68] hatte ein profaneres Verständnis der Legislation. Im Übrigen gibt es Ungläubige oder Andersgläubige, die so nicht zu überzeugen wären, und ihr Glaube oder Unglaube wird durch die Religionsfreiheit geschützt. Schließlich könnten selbst Gläubige bestreiten, dass gerade *diese* Verfassung – von wem? wem? wie? – offenbart sei.
- **Anerkennungstheorie.** Die Verfassung sei gültig, weil die meisten (?) der ihr unterworfenen Bürger sie anerkennen. Spitzfindige Kritiker haben gesagt, dass dann die Anerkennung, weil durch die Annahme einer unabhängigen Geltung der Verfassung motiviert, auf einem Kollektivirrtum beruhe. Aber selbst wenn die Anerkennung echt und demoskopisch feststellbar wäre: wieso soll aus der Anerkennung aller (minus eins) folgen, dass der einzige Zweifler anzuerkennen habe? Ein solches Verbot abweichenden Verhaltens – als Rechtsverbot – ist nicht ersichtlich.
- **Machttheorie.** Sie kommt der Geltung – aber bloß der *effektiven* Geltung – von Verfassungen näher. Ohne Polizisten, Richter und Haftanstalten kommt kaum ein politisches System aus, genauer: kein System. Und wenn die Macht durch Gegenmacht niedergezwungen wird, schlägt auch die Rechtsordnung um: es werden aus Staatsfeinden Revolutionshelden, aus terroristischen Gruppen diplomatisch anerkannte Regierungen, aus Gesetzesbrechern Gesetzgeber. Diese Legitimationsschwäche machtgeschützter Verfassungen greift auch aufs Geltungsproblem über. Wieso soll ich mich der Macht beugen? Dies ist vielleicht ratsam – aber wenn ich ein unangepasster Typ bin, bereit, Opfer zu bringen, schlimmstenfalls Märtyrer zu werden, verliert der Macht-Gedanke seine Macht.

---

68 *Solon* soll auf die Frage, ob er seinen Athenern wirklich die besten Gesetze gegeben habe, geantwortet haben: die besten freilich nicht, aber die besten, die sie vertragen konnten.

63 *Kelsens* **Theorie der Grundnorm** besagt, dass auch die Geltung der *Verfassung* (als einer Pluralität von Normen) wie die jeder anderen Norm nur durch eine übergeordnete Norm gesichert werden könne[69]. Da keine andere, der Verfassung übergeordnete Norm positiv gesetzt sei – wäre sie es, dann wäre dies die eigentliche Verfassung –, müsse man diese Norm, die Grundnorm, logisch *voraussetzen*. Die Grundnorm könnte etwa lauten

„Unsere Verfassung gilt!"

und ist die oberste Etage im Stufenbau der Rechtsordnung. Sie muss vorausgesetzt werden, *wenn* man mit den Normen dieser Rechtsordnung arbeiten will. M.a.W.: diese Voraussetzung ermöglicht erst Rechtswissenschaft. Wer irgendeine Norm irgendeiner Rechtsordnung als geltend behandelt, hat, ob er es weiß oder nicht, ob er will oder nicht, die Grundnorm dieser Rechtsordnung vorausgesetzt.

Kelsens Grundnorm-Theorie wird immer wieder, aus zwei ganz entgegen gesetzten Gründen, angegriffen: er habe für die an Geltungsschwäche leidende Rechtsordnung zu wenig oder zu viel getan.

Zu wenig: Das Geltungsproblem sei mit einer bloßen logischen Voraussetzung nicht gelöst. Das ist richtig. Die Grundnorm-Theorie ist eher eine neue brillante Formulierung für die Unlösbarkeit dieses Problems. Kelsen hat die Bodenlosigkeit so erschreckend deutlich werden lassen, wie sie ist. Seine Theorie besagt, dass der Standpunkt des Anarchismus und der Standpunkt entschlossener Rechtstreue *logisch* gleichwertig sind. Rechtsordnungen leiden unter Legitimationsschwäche – alle Rechtsordnungen! Kelsen, der sich selbst oft – zu oft – als Positivist bezeichnet hatte, ist von dem eigentlich positivistischen Standpunkt

Gesetz ist Gesetz!

meilenweit entfernt.

Frage 6

Ist der zitierte Satz eine Tautologie? Antwort S. 116.

Zu viel: Manche sagen, er hätte nicht *jeder* Verfassung den möglichen Segen der Grundnorm erteilen dürfen, sondern materiale Bedingungen aus der Gerechtigkeitsidee ableiten müssen, etwa wie *Augustinus*, der in Staaten ohne Gerechtigkeit nur „große Räuberbanden" (= magna latrocinia) sehen wollte. Eine Grundnorm für die Rechtsordnung Hitlers? („Heil Hitler!" in rechtstheoretischem Licht). *Kelsen* behandelt in der Tat alle Rechtsordnungen gleich und lehnt die Gerechtigkeit als rechtstheoretischen Begriff ab. Dies hängt direkt mit seiner wissenschaftstheoretischen Reinheitsvorstellung zusammen. Seine Biographie[70] zeigt uns, dass er gegen den Faschismus politisch mutig gekämpft und viel erlitten hat. Und seine Grundnorm ist *nur* eine Voraussetzung, die zu machen niemand genötigt ist. Ob ich als Person sie für eine konkrete Rechtsordnung fingieren will, ist nicht ein logisches Problem mit logischen Konsequenzen, sondern ein politisches mit politischen Konsequenzen.

69 *Kant*, Einl. MS 25: „Es kann ... eine äußere Gesetzgebung gedacht werden, die lauter positive Gesetze enthielte, alsdenn aber müsste doch ein natürliches Gesetz vorausgehen, welches die Autorität des Gesetzgebers ... begründete." Es ist also niemand anders als *Kant* Schöpfer der Grundnorm-Theorie!

70 *Métall*, Hans Kelsen – Leben und Werk, Wien 1969; *Adomeit*, Hans Kelsen 1881–1973, Rechtstheorie 1973, S. 129 ff.

7. Zusammenfassung: 30 Lernsätze der Normlogik 63a

I. Über Rechtsnormen

1. Eine jede Rechtsordnung besteht aus Rechtsnormen. (Rn. 19)
2. Rechtsnormen unterscheiden sich von anderen Normen durch rechtliche Verbindlichkeit. (Rn. 23)
3. Aussagen beziehen sich auf Sein, Normen auf Sollen. (Rn. 26)
4. Widersprüchliches kann nicht zur Norm werden. (Rn. 27) a.A. *Kelsen* (in: Allgemeine Theorie der Normen)

II. Norm und Wahrheit

5. Aussagen sind wahr/unwahr, Normen gelten/gelten nicht. (Rn. 29)
6. Primitive Normaussagen (als Existenzbehauptung, Zitat, Inhaltswiedergabe) können wahr/unwahr sein. (Rn. 30)
7. Bei Normaussagen im Sinne von dogmatischen Aussagen ist nicht ihr Wahrheitswert, wohl aber ihr Zertitätswert objektivierbar (Zertitätstheorie). (Rn. 30)
8. Der Richter darf auch gegen den höchsterreichbaren Zertitätswert entscheiden. (Rn. 39)
9. Die Logik einer dogmatischen Konstruktion darf pragmatisch durchbrochen werden. (Rn. 39)

III. Logik der Verhaltensnormen

10. Es gibt vier Typen von Verhaltensnormen: Gebot, Verbot, Erlaubnis, Freistellung. (Rn. 42, 44)
11. Verbot und Gebot sind konträre Gegensätze. (Rn. 44)
12. Verbot und Erlaubnis bzw. Gebot und Freistellung sind kontradiktorisch. (Rn. 44)
13. Gebot impliziert Erlaubnis, Verbot impliziert Freistellung. (Rn. 43)
14. Erlaubnis plus Freistellung bedeuten unnormiertes Verhalten („Erlaubnis" im Sinne Weinbergers). (Rn. 42)
15. Verbot lässt sich als Gebot zum Nicht-tun deuten und umgekehrt. (Rn. 43)

IV. Der juristische Syllogismus

16. Die Logik transportiert bei Normen die Geltung ebenso wirksam wie bei Aussagen die Wahrheit. (Rn. 47) a.A. *Kelsen* (Allg. Theorie der Normen)
17. Normative Konklusionen bedürfen mindestens einer normativen Prämisse. (Rn. 47)
18. Bei der juristischen Subsumtion wird nicht die Konklusion gesucht, sondern die 2. Prämisse. (Rn. 48)
19. Die Konklusion kann keine höhere Zertität haben als die normative Prämisse. (Rn. 49)

– Ein Argument ist normativ, wenn es eine vorschreibende o. bewertende Konklusion hat.

V. Über Ermächtigungen

20. Rechtliche Verbindlichkeit kann nur auf rechtlicher Ermächtigung beruhen. (Rn. 51)
21. Der Urheber der Norm, um deren Verbindlichkeit es geht, muss Adressat der Ermächtigungsnorm sein. (Rn. 51)
22. Eine Norm ist gültig, wenn ihre Setzung inhaltlich und formal der übergeordneten Ermächtigungsnorm entspricht. (Rn. 52)
23. Ermächtigung bedeutet die Kompetenz, Normen zu setzen. (Rn. 52)
24. Ermächtigung impliziert nicht Erlaubnis, Erlaubnis nicht Ermächtigung. (Rn. 51)
25. Auf die Effektivität einer Norm kommt es strenggenommen für die Geltung nicht an (anders *Kelsen*, in: Reine Rechtslehre). (Rn. 52)

VI. Der Stufenbau der Rechtsordnung

26. Die Rechtsordnung lässt sich als Stufenbau von Normen vollständig darstellen. Dazu reichen drei Typen von Normen: Verhaltensnormen, Ermächtigungsnormen und Organisationsnormen. (Rn. 50 ff.)
27. Auch natürliche Personen sind juristische Personen. (Rn. 55)
28. Subjektive Rechte als Herrschaftsrechte sind Kombinationen aus Ansprüchen und Freiheiten, Gestaltungsrechte sind Kompetenzen. (Rn. 56)
29. „Privatautonomie" ist eine Summe von Gestaltungsrechten. (Rn. 59–61)
30. *Kants/Kelsens* Grundnormtheorie besagt, dass der Standpunkt entschlossener Rechtstreue und der Standpunkt des Anarchismus logisch gleichwertig sind. (Rn. 63) Die Entscheidung zwischen ihnen ist eine Frage der Rechtspolitik. (Rn. 98 f.)

Teil II

Methodenlehre

Literaturauswahl: *Braun*, Einführung in die Rechtswissenschaft, 4. Aufl. 2011, insb. § 28; *Bydlinski*, Grundzüge der juristischen Methodenlehre, 2005; *Engisch*, Einführung in das juristische Denken, 11. Aufl. 2010; *Larenz/Canaris*, Methodenlehre der Rechtswissenschaft, Studienausgabe, 3. Aufl. 1995; *Lüderssen/Jahn*, Einl. M, in: Löwe-Rosenberg StPO Online. 27. Aufl. 2016 (für eine strafprozessuale Methodenlehre); *Meier/Jochem*, Rechtsfortbildung – Methodischer Balanceakt zwischen Gewaltenteilung und materieller Gerechtigkeit, in JuS 2016, S. 392 ff.; *Potacs*, Rechtstheorie, 2015, unter VI.-VII.; *Puppe*, Kleine Schule des juristischen Denkens, 3. Aufl. 2014 (insb. mit strafrechtlichen Beispielen); *Reimer*, Juristische Methodenlehre, 2016; *Riesenhuber* (Hrsg.), Europäische Methodenlehre, 3. Aufl. 2015; *Rüthers*, Die unbegrenzte Auslegung, 8. Aufl. 2017; *Rüthers/Fischer/Birk*, Rechtstheorie mit Juristischer Methodenlehre, 9. Aufl. 2016, 4. Kapitel (§§ 20-25); *Säcker*, Auslegung und richterliche Fortbildung der Privatrechtsgesetze, in Münchener Kommentar zum BGB, 7. Aufl. 2015 (mit umfangreichen Literaturhinweisen), Einleitung Anm. 66 ff.; *Savigny*, System des heutigen römischen Rechts", I. Band, 1840, § 33; *Viehweg*, Topik und Jurisprudenz, 1953, 5. Aufl. 1974; *Wank*, Die Auslegung von Gesetzen, 6. Aufl. 2015 (Online 2017); *Wesel*, Juristische Weltkunde, 8. Aufl. 2000, Nachdruck 2004, Kap. XIII; *Zippelius*, Juristische Methodenlehre, 11. Aufl. 2012.

I. Grundlegung

Traditionell werden die Rechtsordnungen in solche des **Civil Law** (europäischer Konti- **64**
nent) und des **Common Law** (anglo-amerikanisches Recht) unterschieden. Auf der einen Seite stehen große Kodifikationen des Privatrechts, auf der anderen Richterrecht (Case Law) im Vordergrund. Entweder besteht also vorrangige Bindung an das Gesetz[71] oder an Entscheidungen höherer Gerichte (und immer gibt es Wechselwirkungen, Rn. 13). Heute sind aber wohl die Gemeinsamkeiten größer als die Unterschiede. Auch wir kennen eine zumindest faktisch sehr starke Bindung an die Entscheidungen insbesondere des BGH, und auch im angelsächsischen Bereich verdichtet sich die Gesetzgebung.

Allerdings arbeiten Juristen des Civil Law mit einem höheren Grad an **Abstraktion.** Das liegt daran, dass für sie der Ausgangspunkt jeder Rechtsfrage im Gesetz liegen muss, nicht im Sichten konkreter Fälle. Nur wenn klar ist, wie der Tatbestand eines Gesetzes zu verstehen ist, kann eine Subsumtion des konkreten Sachverhaltes darunter erfolgen.

In der kontinentaleuropäischen und damit auch in der deutschen juristischen Methode geht es zum einen um die **Anwendung von Gesetzen** zur Lösung von Rechtsfragen. Ob ein Gesetz anwendbar ist (und mit welcher Konsequenz) oder nicht, wird durch

71 Allgemein dazu *Hassemer*, Gesetzesbindung und Methodenlehre, ZRP 2007, S. 213 ff. mit dem wichtigen Hinweis, dass Entscheidungsfindung (Suche des Auslegungsergebnisses) und Entscheidungsbegründung (Rechtfertigung des Ergebnisses) verschiedenen Regeln unterliegen können (S. 218).

Auslegung desselben ermittelt. Der erste Blick deutscher Juristen muss daher immer ins Gesetz gehen, nicht in den Kommentar oder ein anderes Buch (vgl. auch Rn. 6 und 64).

Aber nicht nur Gesetze kann man auslegen. Schon im ersten Semester lernen Sie, dass auch empfangsbedürftige **Willenserklärungen** und **Verträge** gemäß §§ 133, 157 BGB ausgelegt werden müssen, um den erkennbaren Willen der Partei(en) zu verstehen und angemessen zu berücksichtigen. Andere Kriterien gelten bei der Auslegung von **Testamenten** (§ 2084 BGB), die nicht empfangsbedürftige Willenserklärungen sind. Daher ist hier der Wille des Erklärenden wichtiger als der Verkehrsschutz. Und bei der Auslegung der **Verfassung** oder von **Verwaltungsakten** sind gegenüber der von (einfachen) Gesetzen zusätzliche Kriterien zu beachten.[72]

Und damit haben wir schon den Kern der juristischen Methodenlehre: Es geht vor allem um Auslegung (Interpretation). Darüber hat man sich übrigens schon vor 2000 Jahren Gedanken gemacht.

1. Römische Juristen zur Gesetzesauslegung

65 Früheste methodologische Ratschläge finden wir gesammelt in den **Digesten**, 1. Buch Titel 3: de legibus = von den Gesetzen.

Die Digesten (auch Pandekten, was „alles umfassend" bedeutet) sind der wichtigste Teil des *Corpus Iuris Civilis*, erlassen mit Gesetzeskraft vom oströmischen Kaiser Justinian im Jahre 533 n. Chr., seit der Renaissance gesamteuropäisch verbreitet („Rezeption"), in Geltung geblieben in Deutschland teilweise bis zum Inkrafttreten des BGB. Die einzelnen hier zitierten Digestenstellen sind Schriften römischer Rechtslehrer aus der klassischen Zeit, vor allem des 2. und 3. nachchristlichen Jahrhunderts entnommen, manchmal nach redaktioneller Bearbeitung („Interpolation"). Inhaltlich sind sie noch älter, aus langer Tradition juristischer Arbeit stammend.[73]

Modestinus sagt allgemein über die Gesetze:

> Legis virtus haec est: imperare, vetare, permittere, punire. (Dig. 1, 3, 7)

(= des Gesetzes Können dieses ist: gebieten, verbieten, erlauben, bestrafen).

Gesetze hat man zu lesen (lex steht nicht weit von legere), wird aber oft nicht finden, was man sucht. Es genügt dem Gesetz zu enthalten, was häufig vorkommt (= ea quae plerumque accidunt, Dig. 1, 3, 10), also die Regel.

Julian:

> Non possunt omnes articuli singulatim aut legibus, aut senatus consultis comprehendi; sed cum in aliqua causa sententia eorum manifesta est, is, qui iurisdictioni praeest, ad similia procedere atque ita ius dicere debet. (Dig. 1, 3, 12)

---

72 Im Folgenden wird nur die in der Methodenlehre „klassische" Auslegung von Gesetzen behandelt. Die Auslegung von Willenserklärungen ist Gegenstand einer Rechtsgeschäftslehre, vgl. dazu etwa *Leenen*, BGB Allgemeiner Teil: Rechtsgeschäftslehre (mit sehr guter Methodik der Fallbearbeitung), 2. Aufl. 2015, § 5 Rn. 36 ff. Zur Auslegung der Verfassung und von Verwaltungsakten vgl. *Beaucamp/ Treder*, Methoden und Technik der Rechtsanwendung, 3. Aufl. 2015, Rn. 196 ff. mwN.

73 Genauer dazu *Hähnchen*, Rechtsgeschichte, 5. Aufl. 2016, Rn. 160 ff., 216 ff., 372 ff., 476 ff., 726 ff.

(= Es können nicht alle Einzelfälle gesondert durch Gesetze oder durch Senatbeschlüsse erfasst werden; aber wenn im konkreten Fall deren Sinn offenbar ist, muss derjenige, der zu richten hat, zum ähnlichen **(Sinn)** vorwärts schreiten und so Recht sprechen.) Also aus dem Sinn (= sententia) darf man ähnliche Regeln, „similia" durch Analogie (Rn. 49) erschließen. Was **Analogie** bringt, erklärt Julian so:

> ... quod proximum et consequens ei est. (Dig. 1, 3, 32)

(= was jenem benachbart ist, daraus hervorgeht.) Darf man sich mit solcher Methode vom **Wortlaut** entfernen? Betont dafür *Celsus*, § 133 BGB vorwegnehmend:

> Scire leges non hoc est: verba earum tenere, sed vim ac potestatem. (Dig. 1, 3, 17)

(= Gesetze zu kennen bedeutet nicht, deren Wortlaut festzuhalten, sondern deren Kraft und Macht = Sinn?). So meint auch *Ulpian*

> ... quoties lege aliquid unum vel alterum introductum est, bona occasio est, cetera, quae tendunt ad eandem utilitatem, vel interpretatione, vel certe jurisdictione suppleri. (Dig. 1, 3, 13)

(= Sobald durch Gesetz irgendwas so oder so eingeführt ist, besteht gute Gelegenheit, übrige Normen, die zum gleichen Zweck tendieren, durch Interpretation oder natürlich Rechtsprechung zu ergänzen). Mit **Zweck** (= utilitas) kommt ein besonders vieldeutiger Begriff ins Auslegungsgeschäft. Wie verhält er sich zum Wortlaut? Der Jurist *Paulus* sagt:

> Cum in verbis nulla ambiguitas est, non debet admitti voluntatis quaestio. (Dig. 32, 25 1; vgl. Dig. 32, 69, pr.)

(= Wenn der Wortlaut eindeutig ist, wird die Frage nach dem Willen (Sinn) nicht zugelassen.)

Der „Empfänger" ist nun einmal nicht schutzwürdig, weshalb es auf den wirklichen Willen des Erblassers ankommt – auch wenn er die Worte nicht sorgfältig gewählt hat.

Dieses Paulus-Wort ist aber anfechtbar. Einen absurden Sinn hält kein Wortlaut aus. Man wird das Eindeutige so lange drehen und wenden, bis es zweideutig wird. Und was geschieht bei Zwei-Deutigkeit?

Celsus:

> In ambigua voce legis ea potius accipienda est significatio, quae vitio caret, praesertim cum etiam voluntas legis ex hoc colligi possit. (Dig. 1, 3, 19)

(= Bei zweideutiger Stimme des Gesetzes ist eher die Bedeutung zu akzeptieren, die sich vom Fehler freihält: besonders wenn daraus der Wille des Gesetzes entnommen werden kann.) Hier würde man gern von Celsus hören, wie er Fehler (vitium) versteht: logisch oder sozial? Neu ist im letzten Fragment die heute bekannte Formel vom Willen des Gesetzes („voluntas legis"). Wie nähert man sich demselben? Celsus fährt fort:

> Incivile est, nisi tota lege perspecta, una aliqua particula eius proposita iudicare vel respondere. (Dig. 1, 3, 24)

(= Unangemessen ist es, bevor man das ganze Gesetz durchschaut, aus einer einzigen Bestimmung Entscheidungen zu fällen oder vorzuschlagen.) Also ein Hinweis auf den **Kontext**, den Zusammenhang aller gesetzlichen Vorschriften, vielleicht schon auf das **System** des Gesetzes. In diesen (systematischen) Zusammenhang gehören die **Kollisionsregeln** (vgl. schon Rn. 52, 60). Wenn verschiedene, sich widersprechende Normen/Gesetze auftreten, muss der Jurist entscheiden können: Was gilt?

lex	posterior superior specialis	derogat legi	priori inferiori generali

(= Das spätere, höhere, spezielle Gesetz (lex) hebt das frühere, rangniedrigere, generelle Gesetz auf.) Schwer wird die Entscheidung, wenn es Binnenkollisionen zwischen den Kollisionsregeln gibt oder wenn zusätzliche Kollisionsregeln Geltung beanspruchen wie im Arbeitsrecht das *Günstigkeitsprinzip*.

Paulus betont demgegenüber die Tradition, die überkommene Übung:

> Si de interpretatione legis quaeratur, in primis inspiciendum est, quo iure civitas retro in eiusmodi casibus usa fuisset; optima enim est legum interpres consuetudo. (Dig. 1, 3, 37)

(= Wenn nach Auslegung des Gesetzes gefragt wird, ist zuerst zu untersuchen, welches Recht der Staat früher in gleichartigen Fällen in Gebrauch gehabt hatte; denn beste Dolmetscherin der Gesetze ist die Gewohnheit.) Eine Maxime, welche die Praxis römischer Juristen beherrschte. Nicht nur *deren* Praxis. Auch wir fragen, bevor wir entscheiden, wie entschieden worden ist.

Zuletzt, auch von *Paulus*, die Generalklausel der Billigkeit (= Gerechtigkeit) im Einzelfall:

> In omnibus quidem, maxime tamen in iure, aequitas spectanda sit. (Dig. 50, 17, 90)

(= Überall, besonders aber im Recht, ist *Billigkeit* zu wahren), was uns bekannt vorkommt, weil ja auch § 157 BGB „Treu und Glauben“ als Auslegungsmittel (!) einsetzen will.

Die zitierten Stellen zeigen schon **alle Aspekte des juristischen Methodenproblems**, bieten aber kein einheitliches, geschlossenes Bild. Mal ist der Wortlaut ausschlaggebend, mal mehr der Sinn; hier wird die einzelne Stelle betont, dort der Kontext; einige denken an Tradition, andere eher an Rationalität. Diese Anhäufung von Gesichtspunkten zu ordnen, war die den Digesten um 13 Jahrhunderte nachfolgende Leistung Savignys.

2. Friedrich Carl von Savigny (1779–1861): Die klassische Lehre

Im „System des heutigen römischen Rechts"[74], I. Band, 1840, § 33 66

Frage 7

Was bedeutet der merkwürdige Titel dieses Werkes? (unten S. 116).

lesen wir:

„Das Eigenthümliche (der Auslegung) zeigt sich, wenn wir sie in ihre Bestandtheile zerlegen. So müssen wir in ihr Vier Elemente unterscheiden: ein grammatisches, logisches, historisches und systematisches.

Das grammatische Element der Auslegung hat zum Gegenstand das Wort, welches den Übergang aus dem Denken des Gesetzgebers in unser Denken vermittelt. Es besteht daher in der Darlegung der von dem Gesetzgeber angewendeten Sprachgesetze.

Das logische Element geht auf die Gliederung des Gedankens, also auf das logische Verhältnis, in welchem die einzelnen Theile desselben zu einander stehen.

Das historische Element hat zum Gegenstand den zur Zeit des gegebenen Gesetzes für das vorliegende Rechtsverhältnis durch Rechtsregeln bestimmten Zustand. In diesen Zustand sollte das Gesetz auf bestimmte Weise eingreifen, und diese Art des Eingreifens, das was dem Recht durch dieses Gesetz neu eingefügt worden ist, soll jenes Element zur Anschauung bringen.

Das systematische Element endlich bezieht sich auf den inneren Zusammenhang, welcher alle Rechtsinstitute und Rechtsregeln zu einer großen Einheit verknüpft. Dieser Zusammenhang, so gut als der historische, hat dem Gesetzgeber gleichfalls vorgeschwebt, und wir werden also seinen Gedanken nur dann vollständig erkennen, wenn wir uns klar machen, in welchem Verhältnis dieses Gesetz zu dem ganzen Rechtssystem steht, und wie es in das System wirksam eingreifen soll."

Man kann die **Savignysche Quart** von vier bei der Auslegung anzustellenden Einzeloperationen[75] mit leichter Akzentverschiebung wie folgt festlegen:

I. **Wortlaut** („grammatisch")
II. **Kontext** („logisch" = systematisch)
III. **Entstehungsgeschichte** („historisch-genetisch")
IV. **Zweck** („systematisch" = teleologisch).

Das logische Element bei *Savigny* ist bereits, da es über die Grammatik hinausführen soll, ein systematisches, weil es erst aus dem Textzusammenhang und dem System des Gesetzes Nahrung erhält. In *Savignys* „systematischer" Prüfung werden unvermeidlich Zwecke zu bedenken sein, um den „inneren Zusammenhang" aufzuspüren. Zwar soll „die Einsicht in den Grund des Gesetzes (ratio legis) [...] streng genommen" (!) außerhalb der Interpretationsaufgabe liegen. Jedoch hält *Savigny* wenigstens den „Gebrauch des Gesetzesgrundes" dann für unbedenklich, wenn dieser „gewiss" (?) ist.

---

74 Vgl. *Rückert*, Savignys Dogmatik im „System", in: Heldrich u.a. (Hrsg.), FS Canaris 2007, Bd. II, S. 1263.

75 *Beaucamp/Treder*, Methoden und Technik der Rechtsanwendung, 3. Aufl. 2015, Rn. 139 zeichnen – ohne *Savigny* zu erwähnen – ein „vierblättriges Auslegungskleeblatt". Der Zusammenhang der Auslegungskanones zum „Glücksklee" wird allerdings nicht deutlich gemacht und erscheint etwas zweifelhaft.

Und selbst der „innere Werth des Resultats" (was wohl noch nicht bedeutet: dessen soziale Folgen) ist zwar

> „unter allen Hülfsmitteln das gefährlichste, indem dadurch am leichtesten der Ausleger die Gränzen seines Geschäfts überschreiten und in das Gebiet des Gesetzgebers hinübergreifen wird."

Aber: bei „Unbestimmtheit des Ausdrucks" darf selbst dies geschehen. Also: *schon Savigny dachte teleologisch*. Wer dies nicht zugeben will, muss in *Rudolf v. Iherings* Werk „Der Zweck im Recht" die große Ergänzung und Korrektur der Savignyschen Auslegungstheorie sehen.

67 Was leistet die methodische Ordnung *Savignys*? Als Einwände drängen sich auf:

- Es kann schon jede Einzeloperation zu einem unbestimmten, d.h. zu *keinem* Ergebnis führen. Der Wortlaut kann doppeldeutig sein; über das System kann es Streitfragen geben; die Entstehungsgeschichte ist oft widersprüchlich und von Fraktionskämpfen belastet; und mit der Frage nach dem teleologisch Richtigen stellt man sich ungeschützt ins politische Meinungsfeld. Weder *Savigny* noch irgendeiner der in seiner Tradition Denkenden hat Kriterien liefern können, aus Unklarheit Klarheit abzufiltern.
- Die Einzeloperationen können zu *verschiedenen* Ergebnissen führen. Wortlaut kann gegen System oder Entstehungsgeschichte stehen, System gegen Zweck usw. Um dann sicher entscheiden zu können, bräuchte man eine **Rangordnung der Auslegungsoperationen**, die nicht besteht. Laut *Savigny* „wird freylich bald die eine, bald die andere wichtiger seyn und sichtbarer hervortreten", was in der Tat, so unbefriedigend dieser Text auch wirkt, die **Praxis** früher und heute bestimmt. *Hirsch*[76] hat von dem schon fast zynisch wirkenden abwechselnden Gebrauch der Auslegungskriterien gesprochen.

Man findet genug Urteile, die sich streng an den Wortlaut halten, an dem man angeblich nicht vorbeikäme: die Einstellung des **strengen Positivismus**. Zumindest im Strafrecht hat die **Wortlautgrenze** wegen des Bestimmtheitsgebots des Art. 103 Abs. 2 GG (Rn. 22, 49) eine ernst zu nehmende Bedeutung. Nur zu Gunsten des Beschuldigten bzw. Angeklagten kann daher vom Wortlaut abgewichen werden und dies zeigt sich insbesondere in den – von Studierenden besonders ungeliebten, weil dem Wortlaut des Gesetzes nicht zu entnehmenden – **ungeschriebenen Tatbestandsmerkmalen**. Wenn zum Beispiel eine Vermögensverfügung als Voraussetzung des vollendeten Betruges verlangt wird, so findet dies im Wortlaut des in § 263 StGB keinerlei Anhalt. Man muss das Dogma der Wortlautgrenze zumindest dahingehend präzisieren, dass es sich um eine äußere Grenze handeln soll, die gelegentlich eingeschränkt wird (sog. Restriktion oder Reduktion, vgl. Rn. 49). Oft wird die angeblich absolute Wortlautgrenze auch nur beschworen, wenn dies als Argument im konkreten Fall passt. Ist der Wortlaut jedoch

---

76 Juristenzeitung 1961, S. 299 (300), Rezension von *Coing*, Die juristischen Auslegungsmethoden, 1959. Dies ist eine praxisbezogene Analyse. Die andere Ansicht, dass es eine Rangordnung gäbe – vertreten etwa von *Beaucamp/Treder*, Methoden und Technik der Rechtsanwendung, 3. Aufl. 2015, Rn. 176 ff. – ist ein auf Wortlautgrenze und subjektiver Theorie beruhendes (folgenloses) Postulat, auch wenn der Wunsch nachvollziehbar ist.

gerade hinderlich, wird er meist auch nicht thematisiert oder ein „Redaktionsversehen" des Gesetzgebers oder Wertungswidersprüche werden trotzdem korrigiert.[77].

Es gab und gibt Richter und Dogmatiker, die aus dem System und den Begriffen der Wissenschaft Folgerungen ziehen ohne Rücksicht auf frühere oder künftige Entwicklungen: die **Begriffsjurisprudenz** (in ihrer negativen Ausprägung). Für andere ist der Wille des historischen Gesetzgebers letzter Maßstab: die **subjektive Theorie**, während die ihr gegenüberstehende **objektive Theorie** nach dem „Willen des Gesetzes" fragt[78]. Das Gesetz ist aber kaum ein willensfähiges Subjekt. Dagegen halten es alle von *Ihering* beeinflussten Strömungen mit dem Zweck, am deutlichsten die **Interessenjurisprudenz**, nach der die vom Gesetz getroffene Interessenbewertung ausschlaggebend sein soll. Noch weitergehend wollte die **Freirechtsschule** den Richter (gelegentlich? immer?) sogar vom Zweck des Gesetzes lösen, um unverzögerten juristischen Fortschritt zu ermöglichen.[79]

Dies war seinerzeit sensationell, heute ist aber die grundsätzliche Zulässigkeit der – offenen oder verdeckten – **Rechtsfortbildung** (eingeführt in das GVG 1935!) jedenfalls für höhere Gerichte anerkannt[80], selbst vom Gesetzgeber, der damit sich (partiell) entmachtet hat[81]. Die Voraussetzungen einer wegen **Art. 20 Abs. 3 GG** (lesen!) problematischen Rechtsfortbildung sind so offen und generalklauselhaft, dass es vollends unabschätzbar ist, *wann* diese Operation stattzufinden hat.[82]

Daher jetzt hier lieber zwei Beispiele, wie man *Savignys* Methodenkanon anwendet.

Das Lockvogelangebot (Partnervermittlung) **68**

Der A hatte sich telefonisch bei der B, einer Partnervermittlung, gemeldet. Anlass war eine Zeitungsannonce, in der eine als „Bea" mit „Original-Kundenfoto" vorgestellte „attraktive, rassige" Frau einen Partner suchte. Kurz danach kam es in der Wohnung des A zur Unterzeichnung eines Vermittlungsvertrages. A zahlte das Honorar von 7900 €, erhielt jedoch nie den gewünschten Kontakt zu „Bea". Daraufhin widerrief er den Vertrag und focht ihn aus allen in Betracht kommenden Gründen an und klagte auf Rückzahlung des Honorars.[83]

---

77 Dass ein Mann, der eine Samenspende in einem Gefäß übergeben hatte, der Mutter des damit gezeugten Kindes „beigewohnt" i.S.d. § 1600 Abs. 1 Nr. 2 BGB habe (so BGHZ 197, 242 Rn. 6 f.), ist wohl kaum mit dem Wortlaut des Gesetzes vereinbar. Ähnlich *Rüthers/Fischer/Birk*, Rechtstheorie, 9. Aufl. 2016, Rn. 731 ff. mit anderen Beispielen; Rn. 743: „übertriebener Buchstabengehorsam (Wortlautfetischismus" (wäre) ein Irrweg". Ebenfalls kritisch und mwN auch der a.A. *Kuntz*, Die Grenze zwischen Auslegung und Rechtsfortbildung aus sprachphilosophischer Perspektive, AcP 215 (2015) S. 387 ff.

78 Ausführlich zu beiden Theorien *Rüthers/Fischer/Birk*, Rechtstheorie, 9. Aufl. 2016, S. 484 ff.; *Würdinger*, Das Ziel der Gesetzesauslegung – ein juristischer Klassiker und Kernstreit der Methodenlehre, JuS 2016, S. 1 ff., der sich für die wohl überwiegende vermittelnde Ansicht ausspricht.

79 Genauer zu Positivismus und Begriffsjurisprudenz, Freirechtsschule und Interessenjurisprudenz, jeweils inhaltlich und im historischen Kontext, *Hähnchen*, Rechtsgeschichte, 5. Aufl. 2016, Rn. 718 ff., 790 ff.

80 Vgl. auch BVerfGE 34, 269, 286 („Soraya): „schöpferische Rechtsfindung" ist demnach Aufgabe und Befugnis der Gerichte.

81 *Fischer*, Topoi verdeckter Rechtsfortbildungen im Zivilrecht, 2007, dazu *Adomeit*, JZ 2008, S. 299.

82 Zum „Wie" vgl. oben Rn. 49 und unten Rn. 71.

83 BGH NJW 2008, 982 ff.

Voraussetzung für die **Rückforderung nach § 812 Abs. 1 S. 1 1. Fall BGB** (Leistungskondiktion) ist insbesondere, dass die Leistung des A ohne rechtlichen Grund erfolgte. Dies wäre der Fall, wenn der Vertrag nichtig oder wirksam widerrufen wäre.

Nicht ausreichend ist nämlich, dass nach dem *Willen des Gesetzgebers* durch das Versprechen eines Lohnes für den Nachweis der Gelegenheit zum Eingehen einer Ehe oder für die Vermittlung des Zustandekommens einer Ehe keine Verbindlichkeit begründet wird (§ 656 Abs. 1 S. 1 BGB). Diese Norm wird zwar **analog** auch auf Partnerschaftsvermittlungen (die der BGB-Gesetzgeber um 1900 noch nicht kannte) angewendet. Wurde jedoch bereits gezahlt, kann das Geleistete nicht zurückverlangt werden (§ 656 Abs. 1 S. 2 BGB). Aus diesem Grund ist bei Partnerschaftsvermittlung Vorauskasse üblich.

Die verschiedenen Instanzen haben sich daher ausführlich mit der Frage beschäftigt, ob der Vertrag gemäß § 138 Abs. 1 BGB nichtig ist, weil es sich um ein sittenwidriges Lockvogelangebot handele. Hintergrund dafür war die Behauptung des A, „Bea" sei überhaupt nicht zu vermitteln gewesen.

Das OLG Düsseldorf hatte die Sittenwidrigkeit und damit Nichtigkeit des Vertrages schon deshalb bejaht, weil der Kunde (A) in dem Glauben gelassen wurde, der Abschluss des Vertrages und die Zahlung des Honorars gebe ihm die Chance, seine „Traumfrau" kennenzulernen, obwohl dies von vornherein ausgeschlossen war.

Das lässt der BGH jedoch nicht genügen und untersucht genauer, ob **Sittenwidrigkeit** vorliegt.

Der *Wortlaut* des § 138 Abs. 1 BGB sei dabei unergiebig, weil er nur den unbestimmten Rechtsbegriff der guten Sitten enthalte. Das Rechtsgeschäft müsse nach seinem *aus Inhalt, Beweggrund und Zweck zu entnehmenden Gesamtcharakter* mit den grundlegenden Wertungen der Rechts- und Sittenordnung unvereinbar sein. Ein auf Täuschung beruhendes Rechtsgeschäft sei zwar unter Umständen nach § 123 Abs. 1 BGB anfechtbar (und dann nach § 142 Abs. 1 BGB nichtig); die Täuschung führe jedoch nicht automatisch zur Nichtigkeit nach § 138 Abs. 1 BGB *(systematisches Argument)*. Die Lebenssituation des Interessenten als alleinstehende Person und dessen konkrete Hoffnungen auf Änderung dieser Lage sowie das Gewinnstreben des Vermittlers würden (nur) von § 123 Abs. 1 BGB erfasst.

Das tatsächliche Vorliegen einer Täuschung konnte jedoch ebenso wie das Vorliegen eines „Lockvogelangebots" (bisher) nicht nachgewiesen werden, weshalb an die Vorinstanz zurückverwiesen wurde.

Interessanter für den Kläger war der Hinweis des BGH, das OLG solle auch prüfen, ob nicht ein **Widerrufsrecht** des A wegen Haustürgeschäfts[84] zu bejahen sei, weil doch der Vertrag in seiner Wohnung abgeschlossen wurde. Voraussetzung für dieses Widerrufsrecht war gemäß § 312 Abs. 1 S. 1 Nr. 1 BGB a.F., dass ein Verbraucher i.S.d. § 13 BGB zu einem Vertrag mit einem Unternehmer (§ 14 BGB) im Bereich seiner Privatwohnung bestimmt wurde. Der Begriff des „Verbrauchers" mag im vorliegenden

84 Heute „Außerhalb von Geschäftsräumen geschlossener Vertrag", vgl. § 312b BGB n.F.

Zusammenhang, also in Bezug auf „Bea", etwas frivol erscheinen, aber die Voraussetzungen des § 13 BGB liegen jedenfalls vor. Nach § 312 Abs. 3 Nr. 1 BGB a.F. war zwar das Widerrufsrecht ausgeschlossen, wenn der Besuch in der Privatwohnung auf einer „vorhergehenden Bestellung" des Verbrauchers beruhte. Später hat jedoch der BGH in einem ganz ähnlichen Fall[85] das Widerrufsrecht wegen Haustürgeschäfts bzw. der typischen Überrumpelungssituation bejaht.[86] D.h. für den Beispielfall, das Widerrufsrecht ist zu bejahen und die Rückforderung des Honorars läuft jedenfalls über **§ 357 BGB** in der aktuellen Fassung.

Ein zweites, strafrechtliches Beispiel: **69**

Whatsapp

Der Angeklagte A war mit der Mutter der 9-jährigen T und mit T selbst persönlich bekannt. Wiederholt hatte er der T Whatsapp-Nachrichten mit anzüglichem Inhalt geschickt.[87] Das Amtsgericht verurteilte den Angeklagten wegen sexuellen Missbrauchs von Kindern (§ 176 StGB) zu einer Freiheitsstrafe von 9 Monaten auf Bewährung. Gegen dieses Urteil wendete sich A mit einer Sprungrevision zum OLG Hamm.

Im vorliegenden Fall waren nicht die Tatsachen umstritten, sondern ob überhaupt Strafbarkeit gemäß § 176 Abs. 4 Nr. 3 litt. a) StGB vorlag.[88] Nach dieser Vorschrift macht sich strafbar, wer „auf ein Kind mittels [...] Informations- oder Kommunikationstechnologie einwirkt, um [...] das Kind zu sexuellen Handlungen zu bringen, die es an oder vor dem Täter oder einer dritten Person vornehmen oder von dem Täter oder einer dritten Person an sich vornehmen lassen soll". Die problematischen Tatbestandsmerkmale sind „Kommunikationstechnologie" und „einwirken". Diese musste das Gericht zunächst auslegen, um im zweiten Schritt zu prüfen, ob der Sachverhalt darunter subsumierbar ist.

Wer ein Smartphone besitzt weiß, dass Whatsapp ein Kurznachrichtendienst und somit eine Kommunikationstechnologie ähnlich SMS ist. Nur in der Rechtsprechung war das Urteil des OLG Hamm 2016 das erste, welches – relativ zügig – auch Whatsapp anerkannte. Auch hinsichtlich des „Einwirkens" als solches hatte das Gericht keine Bedenken.

Anspruchsvoller ist die in der Revision aufgeworfene Frage, ob § 176 Abs. 4 Nr. 3 litt. a) StGB (die diesen Kommunikationsmitteln oftmals eigene) Anonymität voraussetzt.

Der *Wortlaut* (I.) der Norm setzt keine Anonymität voraus.

Die *Systematik* (II.) des Gesetzes ist für die Auslegung nicht ergiebig.

Die *historisch-genetische Auslegung* (III.) setzt bei der Überarbeitung des alten § 180b StGB an, der durch § 176 StGB ersetzt wurde. Sie ergibt zwar, dass ein Anlass für die

85 BGH NJW 2010, 2868.

86 Der aktuelle § 312g Abs. 2 S. 1 Nr. 11 BGB formuliert den Ausschluss des Widerrufsrechts auch nur noch für Verträge, bei denen der Verbraucher den Unternehmer ausdrücklich aufgefordert hat, ihn aufzusuchen, um dringende Reparatur- oder Instandhaltungsarbeiten vorzunehmen.

87 Für den genauen Sachverhalt vgl. OLG Hamm vom 14.1.2016, Az. III-4 RVs 144/15 (juris).

88 Mit einer Revision wird die Verletzung des Rechts gerügt. Die Revisionsgründe finden sich für das Strafrecht in den §§ 337 f. StPO für das Zivilrecht in §§ 545-547 ZPO.

neue Regelung das Auftreten von Tätern war, welche in Chaträumen „im Schutze der Anonymität des Internets" Kontakt zu Kindern suchten. Jedoch wollte man dadurch nicht nur, sondern „auch" solche „Verbrechen, bei denen Kinder durch Tricks oder Verführungskünste zu Treffen verleitet würden, [...] erfassen".[89]

Auch ist nach dem *Sinn und Zweck* (IV.), zur Verhinderung der Vorverlagerung der Strafbarkeit auf grundsätzlich straf-freie Vorbereitungshandlungen, keine teleologische Reduktion (Einschränkung) des Wortlautes auf Fälle der Anonymität geboten. Zwar wird § 176 StGB genau deshalb in der Literatur kritisiert. Zutreffend führt das OLG Hamm jedoch aus, dass die Vorverlagerung nichts mit der Anonymitätsfrage zu tun hat und die Entscheidung des Gesetzgebers zu respektieren ist (Rn. 25 f. der Entscheidung).

A hat sich somit strafbar gemacht.

3. Verfassungs- und richtlinienkonforme Auslegung

70 Die heutige Aufgabe der Gesetzesauslegung ist komplizierter geworden durch Überlegungen zur Einheit der Rechtsordnung sowie den Vorrang des Grundgesetzes und des Europarechts. Man könnte diese Fragen auch der systematischen Auslegung zuordnen, eine getrennte Behandlung soll aber mehr gedankliche Klarheit ermöglichen.

Lex superior derogat legi inferiori – höherrangiges Recht hebt das Recht niedrigeren Ranges auf. Dieser Stufenbau (Normenhierarchie) wurde seit *Kelsen* („Reine Rechtslehre") herrschende Ansicht (oben Rn. 50 ff.). Seither wird bei jeder Auslegung des Gesetzes darauf geachtet, dass bei mehreren möglichen diejenige Bedeutung vorzugswürdig ist, die mit höherrangigem Recht vereinbar ist.

Wenn also nur das Ergebnis einer Auslegung verfassungskonform ist, dann ist dies die methodisch richtige Auslegung und ein anderes Verständnis kann zwar in die rechtspolitische Diskussion eingebracht, jedoch nicht von einem Gericht als geltendes Recht angewendet werden.

Was ist aber zu tun, wenn die durch Auslegung des Gesetzes gewonnene eindeutige Lösung nicht mit höherrangigem Recht harmoniert? Dass beispielsweise das BGB von 1900 vielfach mit dem Gleichheitsgrundsatz des Grundgesetzes von 1949 nicht in Einklang zu bringen war, hat sich vor allem in der familienrechtlichen Rechtsprechung des BVerfG gezeigt (vor allem Frauen und nichteheliche Kinder betreffend – kein anderes Gebiet des BGB wurde in den letzten Jahrzehnten so grundsätzlich verändert, vgl. Rn. 120). Für vorkonstitutionelles Recht, also solches, das schon vor dem Grundgesetz galt, hat das BVerfG die allgemeine **richterliche Verwerfungskompetenz** bejaht. Der einfache Richter muss und darf verfassungswidriges Recht also nicht anwenden. Für nachkonstitutionelles Recht hingegen steht dies nur dem BVerfG zu.

---

89 Vgl. die Gesetzesbegründung, BT-Drs. 15/350 S. 17, deren Wortlaut in Rn. 24 der OLG-Entscheidung zitiert wird.

Ein ähnliches Stufenverhältnis wie zwischen einfachem Gesetz und Verfassung besteht auch zwischen nationalem und europäischem Recht. Grundsätzlich haben die Mitgliedstaaten einen Teil ihrer Souveränität an die **Europäische Union** abgegeben und sich verpflichtet, deren Recht als höherrangiges zu respektieren[90]. Die Auslegungs- und Verwerfungskompetenz für europäische Rechtsakte steht dabei ausschließlich dem **Europäischen Gerichtshof** (EuGH) zu, vgl. Art. 267 AEUV.

Eine besondere Rolle spielen in diesem Zusammenhang die **Richtlinien**, die gem. Art. 288 III AEUV erst der Umsetzung durch die nationalen Gesetzgeber bedürfen, da sie nicht unmittelbar geltendes Recht sind. Dennoch werden die nationalen Umsetzungsgesetze (auch) anhand der jeweiligen Richtlinie ausgelegt. Dazu, also zur sog. **richtlinienkonformen Auslegung**, sind die nationalen Richter verpflichtet, weil die Richtlinie hinsichtlich ihres Zieles für die Mitgliedstaaten verbindlich ist.[91]

Gibt es nun auch eine Verwerfungskompetenz bezüglich des nationalen Rechts, wenn es nicht richtlinienkonform ist? Dieses Problem soll an einem besonders berühmten Beispiel, das zum Klassiker des europäischen Privatrechts und der Methodenlehre geworden ist, anschaulich gemacht werden: **71**

Herd-Set (Quelle-Entscheidungen)

Die Verbraucherin K bestellte im Sommer 2002 für ihren privaten Gebrauch beim Versandhandelsunternehmen Quelle (V) ein „Herd-Set" zum Preis von ca. 520 €. Die Ware wurde im August 2002 geliefert. Im Januar 2004 stellte K fest, dass sich die Emailleschicht im Backofen ablöste. Da eine Reparatur nicht möglich war, lieferte V einen neuen Backofen. Für die bisherige Nutzung verlangte V von K rund 70 €. K bezahlte und ermächtigte einen Verbraucherverband – die jetzige Klägerin – zur Geltendmachung der Rückzahlung.[92]

Die Vorinstanzen gaben dem (Rück-)Zahlungsantrag statt. 2006 legte der BGH gem. Art. 234 EGV (entspricht jetzt: Art. 267 III AEUV) dem EuGH die Frage zur Vorabentscheidung vor, ob die Regelungen der Verbrauchsgüterkaufrichtlinie dahingehend auszulegen sind, dass sie der deutschen gesetzlichen Regelung zum Nutzungsersatz entgegenstehen. Der EuGH hat im April 2008 entschieden, dass dies der Fall sei.

Die deutsche Anspruchsgrundlage für die zurückgeforderte Nutzungsentschädigung war §§ 439 Abs. 4[93], 346 Abs. 1 und 2 S. 1 Nr. 1 BGB. Deren Voraussetzungen (wirksamer Kaufvertrag, Sachmangel, Nacherfüllung durch Neulieferung und Nutzungen i.S.d. § 100 BGB) lagen vor. Dennoch war die **Rechtsfolge sehr umstritten** (ausführliche Nachweise im BGH-Vorlagebeschluss), eben weil möglicherweise das europäische Recht für Verbrauchsgüterkäufe Grenzen setze. Das Reizvolle an diesem Fall sind nicht

90 Den Mitgliedstaaten muss aber Raum zur politischen Gestaltung der wirtschaftlichen, kulturellen und sozialen Lebensverhältnisse bleiben, vgl. das Lissabon-Urteil BVerfGE 123, 267 = NJW 2009, 2267.

91 Statt Vieler *Roth/Jopen*, Richtlinienkonforme Auslegung, in: Riesenhuber (Hrsg.) Europäische Methodenlehre, 3. Aufl. 2015, S. 263 ff. mwN.

92 Vorlagebeschluss an den EuGH: BGH NJW 2006, 3200; EuGH NJW 2008, 1433; BGHZ 179, 27 = NJW 2009, 427.

93 Zum 1.1.2018 zu Abs. 5 geworden.

nur die doppelten Auslegungsversuche nach *Savignys* Methodenkanon (erst legte der BGH das deutsche Gesetz aus, dann die deutsche Regierung und die Generalanwältin beim EuGH in ihren Stellungnahmen die RL – mit entgegengesetzten Ergebnissen) sondern insbesondere auch das *methodische Problem*. Dieses ergibt sich aus den Unterschieden zwischen bisheriger deutscher und sich derzeit entwickelnder europäischer Methodenlehre.

Konkret: In Art. 3 der Verbrauchsgüterkaufrichtlinie steht mehrfach, dass die Nachbesserung für den Verbraucher unentgeltlich und ohne erhebliche Unannehmlichkeiten zu erfolgen habe. Daher sei eine Nutzungsentschädigung ausgeschlossen (weil richtlinienwidrig)[94], meinten viele im deutschen Schrifttum und auch die Vorinstanzen sowie der EuGH. Die Nutzungsentschädigung könne den Verbraucher davon abhalten, seine Rechte geltend zu machen. Wenn der Verkäufer freiwillig eine neue Sache liefere, wozu er nicht verpflichtet sei (vgl. den Wortlaut von § 439 Abs. 1 und 4 BGB, der nur von Mangelfreiheit, nicht Neuwertigkeit spricht), so dränge er dem Käufer eine Bereicherung auf. Den angenommenen Konflikt zwischen deutschem Gesetzeswortlaut und RL versuchte man (in Deutschland) methodisch über eine **teleologische Reduktion** (= Nichtanwendung einer Norm, deren Voraussetzungen an sich vorliegen) des § 439 Abs. 4 BGB[95] zu lösen, der danach nicht auf den Nutzungsersatz in § 346 Abs. 1 BGB verweise.

Gegen diese Ansicht sprach jedoch (nach alter h.M. in Deutschland, der sich zunächst auch der BGH anschloss) – bis zu der Gesetzesänderung[96], die das methodische Problem beseitigte – allerdings nicht nur der Wortlaut des Gesetzes, sondern auch der ausdrückliche Wille des Gesetzgebers[97]. Danach sollte der Käufer im Falle der Neulieferung eindeutig die Gebrauchsvorteile herausgeben. Dies war – nach damaliger Ansicht des deutschen Gesetzgebers – auch mit der Verbrauchsgüterkaufrichtlinie vereinbar. Der EuGH hat das anders gesehen.

Damit ergibt sich ein erheblicher, wenn auch nicht untypischer **Konflikt der Auslegungsergebnisse** und zugleich die spannende Frage: Darf ein deutsches Gericht den „Fehler" des Gesetzgebers, welcher ja gerade die RL umsetzen wollte und musste, beheben? Oder darf das nur der Gesetzgeber selbst, immerhin gilt der **Grundsatz der Gewaltenteilung** und die RL ist nun einmal nicht unmittelbar wirkendes Recht? Man spricht in diesem Zusammenhang vom **Verbot des contra-legem-Judizierens**, also

94 Ähnlich sind im Fernabsatz Wert- und Nutzungsersatzansprüche des Unternehmers im Falle eines verbraucherrechtlichen Widerrufes weitgehend ausgeschlossen, unter Berufung auf den 14. Erwägungsgrund und Art. 6 der Fernabsatz-RL (RL 97/7 EG), vgl. EuGH NJW 2009, 3015 (Messner) – dazu kritisch *Hähnchen*, ZJS 2009, S. 726 ff. (www.zjs-online.com); BGH NJW 2011, 56 (Wasserbett) – dazu *Heiderhoff*, Europäisches Privatrecht, 4. Aufl. 2016, Rn. 357 ff.; vgl. auch BGH NJW 2017, 878 (Katalysator), insb. Rn. 29 ff. zur RL.

95 Fassung bis 31.12.2017, seit 1.1.2018 Abs. 5.

96 Nach der Entscheidung des EuGH hat der deutsche Gesetzgeber schnell reagiert, durch Neufassung des § 474 Abs. 2 BGB, genauer Einfügung von S. 1 (BGBl 2008 I, 2399 v. 10.12.2008). Zum 1.1.2018 wurden die §§ 475 ff. BGB insgesamt verändert. § 474 Abs. 2 BGB der Fassung bis zum 31.12.2017 entspricht nun § 475 Abs. 3 BGB n.F.

97 Nachzulesen in den Materialien zu § 439 IV BGB (BT-Drs 14/6040, S. 232 f.).

einer (verbotenen) richterlichen Entscheidung gegen das Gesetz. Für zulässig gehalten wird ein solches Judizieren an sich nur in extremen Ausnahmefällen (vgl. Rn. 103).

Der EuGH selbst hat bisher meist betont, dass die nationalen Gerichte „im Rahmen ihrer Zuständigkeiten" zwar bis an die Grenzen des Möglichen gehen sollen, um nationale Vorschriften europarechtskonform auszulegen. Aber eben auch nicht mehr. Der EuGH respektiert also (bisher) die Grenzen der nationalen Methodik.[98] Und Voraussetzung für eine **richterliche Rechtsfortbildung** über den Wortsinn hinaus ist nach klar überwiegender Ansicht nun einmal das Vorhandensein einer **planwidrigen Lücke** im Gesetz (Rn. 49). Der BGH selbst sagte in seiner Vorlage an den EuGH ausdrücklich, dass die Ignoranz des Gesetzes verfassungswidrig wäre. Denn nach **Art. 20 Abs. 3 GG** ist die Justiz an Recht und Gesetz gebunden.

Über diese Grenzen hinaus wurde jedoch teilweise ein genereller Vorrang auch der richtlinienkonformen Rechts*fortbildung* bei Umsetzungsgesetzen statuiert, wenn der Gesetzgeber das Gesetz „irrtümlich" richtlinienwidrig konzipiert habe.[99] Dabei wurde eine Differenzierung zwischen Auslegung und Rechtsfortbildung für unwichtig gehalten.[100]

Was ist also zu tun? Das kommt – wie so oft – darauf an. Folgt man der traditionellen deutschen Methodenlehre, hätte das Rückzahlungsverlangen zurückgewiesen werden müssen, weil Gesetzeswortlaut und Wille des Gesetzgebers für den Nutzungsersatz sprachen. Die Verbraucherin wäre danach auf einen **Staatshaftungsanspruch** gegen die Bundesrepublik, die die RL nicht ordnungsgemäß umgesetzt hat, beschränkt. Mit der sich entwickelnden europäischen Methodenlehre kommt man zum entgegengesetzten Ergebnis.

Die Konsequenzen der europarechtlichen Entwicklungen – insbesondere die richtlinienkonforme Rechtsfortbildung – sind in Methodenlehre noch **nicht endgültig geklärt**. Auch in der Quelle-Entscheidung vermied der EuGH hierzu eine Stellungnahme. Danach war der BGH jedenfalls plötzlich (auch) der Meinung, dass die nationalen Gerichte die Pflicht zur **richtlinienkonformen Rechtsfortbildung** (nicht nur Auslegung) hätten, mit einer wenig überzeugenden Begründung: das Gesetz habe eine planwidrige Lücke (Rn. 21 ff. des Urteils vom 26.11.2008). Der Gesetzgeber *hatte* sich aber klar erkennbar

98 Wohl nur ein „Ausreißer" war die **Mangold-Entscheidung** des EuGH vom 22.11.2005, wo es heißt (Rn. 78), es obliege dem nationalen Gericht, Bestimmungen des nationalen Rechts, die einer RL entgegenstehen, unangewendet zu lassen. Konkret ging es um Teilzeitarbeit und Altersdiskriminierung. – Grundlegend *Höpfner*, Die systemkonforme Auslegung – Zur Auflösung einfachgesetzlicher, verfassungsrechtlicher und europarechtlicher Widersprüche im Recht, 2008.

99 So *Roth*, § 14 Die richtlinienkonforme Auslegung, in: Riesenhuber (Hrsg.), Europäische Methodenlehre, 2. Aufl. 2010, insb. Rn. 48 – nicht mehr in der 3. Aufl. 2015 § 13; *Schulte-Nölke/Busch*, in Heldrich u.a. (Hrsg.), FS Canaris, 2007, Bd. II, S. 795 ff., 813.

100 Gegen den angeblichen Anwendungsvorrang von Richtlinien, für einen bloß interpretatorischen Vorrang treffend schon *Canaris*, FS Bydlinski (2002) S. 47 ff., 54, 66 ff., 78 ff., 96 ff. Die RL stellt noch keine „lex" dar, sondern muss eben erst umgesetzt werden, weshalb sie sich nicht in einem „Stockwerk" oberhalb der Normen des nationalen Rechts, sondern in einem „anderen Teil des Doppelgebäudes" befindet (S. 53). Selbstverständlich muss also versucht werden, richtlinienkonform auszulegen. Wenn dies aber nicht möglich ist, berechtigt allein die Existenz der RL nicht zu einer Rechtsfortbildung contra legem.

entschieden und diese Auffassung wurde im Verfahren vor dem EuGH von der Bundesrepublik Deutschland vorgetragen. Danach machte man jedoch gute Miene zum bösen Spiel und das Gesetz wurde schnell geändert. Eine Nutzungsentscheidung ist jetzt nur zu zahlen, wenn kein Verbrauchsgüterkauf vorliegt. Mit anderen Worten: Verbraucher werden geschützt (§ 475 Abs. 3 S. 1 BGB n.F. 2018), für alle anderen gilt die alte Rechtslage (§§ 439 Abs. 5 n.F. 2018, 346 Abs. 1) weiter.

4. Frisch gewagt ist halb gewonnen!

72 Man kann die Zweifel an der Methodenlehre noch ein bisschen vergrößern: Besonders scharf äußerte sich der große Rechtstheoretiker *Kelsen*.

> „... von einem auf das positive Recht gerichteten Standpunkt aus gibt es kein Kriterium, aufgrund dessen die eine der im Rahmen des anzuwenden Rechts gegebenen Möglichkeiten der anderen vorgezogen werden könnte ... Alle bisher entwickelten Interpretationsmethoden führen stets nur zu einem möglichen, niemals zu einem einzig richtigen Resultat." (S. 349 f.)

Bei *Kelsen* finden wir fast einen methodologischen Nihilismus, der leugnet, dass – ob mit oder ohne Gesetz – die konkrete Rechtslage, also die Antwort auf die Frage

> Was ist Rechtens? (Quid iuris?)

bereits vorgegeben sei. Jedenfalls leugnet er dies für alle nicht ganz trivialen Fälle, also gerade für den Bereich, in dem sich der juristischen Methode Aufgaben stellen. Die im Gesetz enthaltene Mehrdeutigkeit könne nicht im Wege einer Erkenntnismethode auf Eindeutigkeit reduziert werden. Vielmehr sei durch Interpretation nur die Mehrheit möglicher Bedeutungen herauszuarbeiten. Die Entscheidung zwischen den sich anbietenden Alternativen sei ein Wahlakt, der im Willen des Interpreten, nicht mehr in dem des Gesetzgebers liege.

Seine Analyse (nicht sein Vorschlag) entspricht dem Stand strenger Wissenschaftstheorie, der sich auch unsere Methodenlehre nach jahrzehntelangem Widerstreben genähert hatte[101]. Gern hätte man eindeutige, „wahre" Lösungen. Gern geben sich Juristen als objektiv. Aber es ist eine Frage der Methodenehrlichkeit, auch die Grenzen aller Auslegungskunst zuzugeben.

So las man bei *Nipperdey*:

> „Nach Ausschöpfung aller Auslegungsmittel können hinsichtlich des konkreten Falles Zweifel über die gesetzgeberische Wertung offen bleiben, die nur durch schöpferische Betätigung des Richters behoben werden können". (Allg. Teil I 1, S. 337)

---

101 Vgl. *Adomeit*, Juristische Methodenlehre im Münchener Kommentar, in: Joost u.a. (Hrsg.), FS Säcker 2011.

Und *Larenz* räumte ein,

> „daß in vielen Fällen, in denen der Richter eine Entscheidung fällen muß, die wissenschaftliche Methode allein ihn noch zu keinem sicheren Ergebnis führt, sondern ein gewisser Spielraum des ‚Urteilsermessens' offen bleibt, innerhalb dessen dann nur sein persönliches Wertempfinden den Ausschlag geben kann". (Einl. S. 5)

Gerade umstrittene Fragen sind meist nur subjektiv zu beantworten (vgl. Rn. 14 f., 95 f.). Es ist wichtig, sich das einzugestehen. Die Einhaltung der methodischen „Spielregeln" ist in jedem Fall geboten.

Diese Lehre wurde akzeptabel, als *Viehweg* (Topik und Jurisprudenz, zuerst 1953) ihre historischen Wurzeln aufzeigte[102]. Danach unterschied schon die Antike vom ableitenden Denken das **topische Denken**. Hier sucht man für sein Problem einen Gesichtspunkt (griech. topos = der Ort), aus dem Argumente, vielleicht gleich Lösungen hervorgehen. Der topische Lösungsstil ist suchend: es wird der eine und der andere in Frage kommende Gesichtspunkt „probiert", wobei ausschlaggebend seine Fruchtbarkeit und die Überzeugungskraft der Konsequenzen ist – ganz im Unterschied zum systematischen Denken, das der Idee nach stur ableitet, unbeirrbar auch durch Gerechtigkeits-Einwände.

Die Kennzeichnung „topisch" rückt der juristischen Methode sehr nahe. Gerade die **73** großen und weiterführenden Entscheidungen beruhen weniger auf Logik und System als auf originaler Erfindung („inventio"). So als RGZ 106, 272 ff. sich zur Frage der Lohnfortzahlung beim Teilstreik von der dogmatischen Unterscheidung Annahmeverzug/Unmöglichkeit löste und die Sphäre als maßgeblichen Gesichtspunkt (er-)fand. So als BGHZ 55, 128 ff. im Flugreisefall das Nicht-Entstehen der Bereicherung – wie § 819 BGB deren Fortfall – durch Bösgläubigkeit ausglich. Auch „Betriebsrisiko", „Kampfparität", „adäquate Kausalität", „Zurechnung" und natürlich „Verhältnismäßigkeit" sind solche topoi,

> a quibus argumenta promuntur

(= aus denen Argumente geholt werden), die jedenfalls nicht durch das System determiniert waren.

Verteidiger systematischen Denkens weisen dementgegen auf die Leistungsfähigkeit des **Systems.** Aber jeder Systematiker lässt die doppelte Verfahrensweise zu: man darf aus einer begrifflichen Vorstellung wie „Eingriffskondiktion" den Einzelfall bewältigen; aber man darf auch, wenn dieser Einzelfall besonders scheint – wie der Jungbullenfall[103] – von ihm aus den abstrakten Begriff „Eingriffskondiktion" in Frage stellen und weiterentwickeln. Ob man aus dem System folgert oder ob man erst das System verbessert und dann aus dem verbesserten System „folgert", ist offen. **Offen:** ein Grundbegriff der Topik.

---

102 Vgl. *Otte*, Die historische Topik und ihre Rezeption durch Theodor Viehweg, 36. Dt. Rechtshistorikertag 2006, Akten S. 427.

103 BGHZ 55, 176.

Damit wird die Erstellung einer Methodenlehre aber fast aussichtslos. Denn auf die Frage

> Wie finde ich den richtigen Gesichtspunkt?

ist außer

> Sehr, sehr intelligent sein[104]!

kaum eine Antwort in Sicht.

74 Trotzdem geht es nicht an, mit *Kelsen* auf die Lösung von Zweifelsfragen zu verzichten und sich damit zu begnügen, die im Gesetz enthaltenen Auslegungsalternativen herauszuarbeiten. Damit wäre keinem gedient, dem Bürger nicht, der wissen will, auf welche Rechtslage er sich einzustellen hat, und dem Richter nicht, der – wenn er's nicht eh' besser weiß – wissen will, wie er zu entscheiden hat. *Der Jurist wird dadurch definiert bleiben, dass er zu Fragen der Gesetzesinterpretation eine Antwort geben kann.* Und die Prozessordnungen differenzieren betont zwischen richtiger und unrichtiger Gesetzesanwendung.

Nun kann selbst der Gesetzgeber nichts wissenschaftstheoretisch Unmögliches verlangen, aber doch die **Anstrengung, gegebene Möglichkeiten auszuschöpfen.** Im Denken *Kants* findet man oft die Figur, dass, was im theoretischen Verstande nicht existiert, doch als Postulat praktischer Vernunft festzuhalten ist.

In einer „Rechtstheorie für Studierende" ist dieses Programm leichter erfüllbar. Interpretationsfragen, die in Klausuren und Hausarbeiten zu bewältigen sind, pflegen einfacher Art zu sein. Eine originelle Lösung wird selten erwartet, eher das **Sich-zurecht-Finden im dogmatischen Zauberwald.** Erst mit dem Seminarreferat und natürlich mit der Dissertation treten Sie in die schöpferische Sphäre der Juristerei ein, wo eigene Ansätze, neue Gesichtspunkte, Vorschläge zur Rechtsfortbildung erwartet und willkommen sind – aber dann, wenn es mit rechten Dingen zugeht, nicht auf sich selbst gestellt, sondern unter Anleitung.

Daher ist eine **Methodenlehre für Jura-Studierende** auf folgende Vierstufung (statt des Auslegungskanons bei *Savigny*) zu beschränken:

1. Das Gesetz finden!
2. Das Gesetz lesen!
3. Literatur und Rechtsprechung lesen!
4. „Entscheiden Sie sich!"

104 Zu diesem Schluss kam schon *Cicero*. Im „Redner" (De Oratore) heißt es (II, 147): Drei Dinge sind wichtig, um Argumente zu finden, ein scharfer Verstand, methodisches Vorgehen und Fleiß – aber ich muss zugeben, dass Begabung (ingenium) das Wichtigste ist. *Hofmann*, Einführung Rechts- und Staatsphilosphie, 4. Aufl. 2008, S. 28 spricht unter Zitierung von *Dworkin* von der „herkulischen Arbeit des Richters".

II. Empfehlungen für Klausur und Hausarbeit

Neben der am Beginn dieses Teils genannten Literatur ergänzend:

Beaucamp/Treder, Methoden und Technik der Rechtsanwendung, 3. Aufl. 2015; Christensen/Pötters, Methodische Fehler in juristischen Prüfungen, JA 2010, S. 566 ff.; *Lagodny*, Gesetzestexte suchen, verstehen und in der Klausur anwenden, 2. Aufl. 2012; *Möllers*, Juristische Arbeitstechnik und wissenschaftliches Arbeiten. Klausur, Hausarbeit, Seminararbeit, Studienarbeit, Dissertation, 8. Aufl. 2016; *Putzke*, Juristische Arbeiten erfolgreich schreiben. Klausuren, Hausarbeiten, Seminare, Bachelor- und Masterarbeiten, 6. Aufl. 2018; *Schimmel*, Juristische Klausuren und Hausarbeiten richtig formulieren, 12. Aufl. 2016; *Tettinger/Mann*, Einführung in die juristische Arbeitstechnik. Klausuren, Haus- und Seminararbeiten, Dissertationen, 5. Aufl. 2015.

1. Das Gesetz finden

Ihre juristische Aufgabe wird darin bestehen, die Frage(n) zu einem gegebenen *Sachverhalt*[105] zu beantworten. Die Frage kann konkret sein oder näherer Bestimmung bedürftig, z.B. **75**

Wie ist die Rechtslage?

Von der Frage wird die eigentliche Prüfung ausgehen. Aber erst ist der Sachverhalt aufzubereiten. Folgende Aktivitäten haben sich bewährt:

a) Die *Personenfeststellung*: Wie viele und welche Personen nehmen am Sachverhaltsgeschehen teil? (Auch: Personenvereinigungen, Institutionen, Behörden). Ein Identitätsversehen lenkt juristische Bearbeitung unrettbar auf falsche Bahnen. Die einzelnen Personen sind, wenn dies nicht schon der Sachverhalt vorwegnimmt, mit Großbuchstaben zu bezeichnen[106]. Um ihre positionellen Beziehungen zu verdeutlichen, sollten Sie, jedenfalls bei mehr als zwei Personen, eine *Strichzeichnung* mit vorläufiger (!) rechtlicher Charakterisierung entwerfen, z.B. **76**

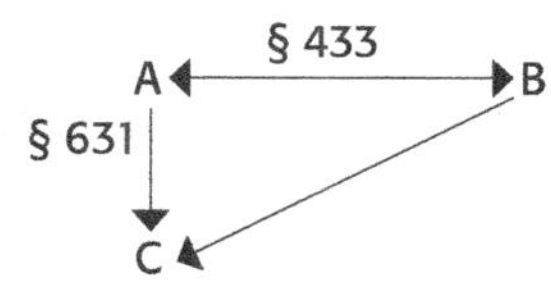

= A hat einen Kaufvertrag mit B und einen Werkvertrag mit C; B erhebt eine Forderung gegenüber C.

105 Dass der Sachverhalt vorgegeben ist, bedeutet den größten Gegensatz zur Aufgabe des Praktikers, der sich seinen Sachverhalt erst durch Aktenlektüre oder Befragung zurechtlegen muss. Da aber die Relevanz eines Umstandes erst aus dem Recht folgt, ist er zu einem „Hin- und Herwandern des Blicks" genötigt: *Engisch*, Logische Studien, 3. Aufl. 1963, S. 15.

106 Das taten schon die römischen Juristen. Sie nannten den Kläger Aulus Agerius, den Beklagten Numerus Negidius, jeweils abgekürzt AA, NN. Agerius kommt von agere = klagen und Aulus war ein typischer Vorname, aber sinngebend könnte auch auch aulicus = fürstlich (i.S.v. „der reiche") gewesen sein; Numerius von numerare = zahlen und Negidius von negare = leugnen.

Philipp Heck, Schuldrecht S. IV hat der Kunst juristischer Strichzeichnungen eingehende Überlegungen gewidmet. Die vorläufige rechtliche Kennzeichnung kann später korrigiert werden.

77 b) Die *Feststellung des Zeitablaufs*. Zwar wird die juristische Prüfung nicht chronologisch (historisch), sondern logisch erfolgen, aber man muss doch ständig den Ablauf des Geschehens vor Augen behalten. Also zweckmäßig eine Auflistung erstellen, wie

Datum		*Vorgang*
2. 1.	:	Verkauf
1. 2.	:	Übergabe
1. 3.	:	Untergang der Sache
15. 9.	:	Geltendmachung der Forderung

usf.

78 c) Die *Präzisierung der Fallfrage*. Natürlich kann die gestellte Aufgabe präzise genug sein: „Ist A zu bestrafen?" – „Kann B von C die Zahlung von 10 000 € verlangen?" – „Wird D mit Erfolg gegen die Verfügung der Ordnungsbehörde vorgehen?" – Wenn nicht, muss die allgemeine Frage in eine Form dieses Präzisionsgrades gebracht werden, was oft eine Aufsplitterung in mehrere Fragen notwendig macht.

Im **Zivilrecht** ist das unentbehrliche Orientierungsmittel

Wer will was von wem?

Es wird also geprüft, welche einzelnen Ansprüche erhoben werden könnten, und das können viele sein. Schon bei 3 Personen A, B, C sind 6 Anspruchsbeziehungen denkbar

$A \to B; A \to C; B \to A$ usf.,

und, wenn jeweils zwei Anspruchsgegenstände in Frage kommen (Herausgabe, Schadensersatz), sogar 12 Einzelansprüche.

Das „Was", den möglichen Gegenstand des Anspruchs (das petitum) findet man, indem man sich in die Interessenlage versenkt, sich vorzustellen versucht, worauf wohl ein Teilnehmer des Sachverhaltsgeschehens sein begehrendes Auge werfen wird. Dazu braucht man eigentlich schon etwas juristische Erfahrung, oder naturgegebene eristische Phantasie (*Eris* ist die griechische Göttin des Streits). Die Grenze zwischen dem Sinnvollen und dem Absurden ist nicht allgemein festlegbar.

Im **Strafrecht** ist für jede Person, zuerst einzeln, jede bedenkliche Teilaktion herauszulösen, etwa

„A. könnte sich strafbar gemacht haben

- durch Aufbrechen der Gartenpforte,
- durch Eindringen in den Garten,
- durch Verabfolgen der Strychninkapsel an den Kettenhund,
- durch Niederschlagen des Wachmannes usf."

Im **Öffentlichen Recht** geht es um den Zwist zwischen Bürger und Behörde, der im Einzelnen aufzuschlüsseln ist (Näheres: *G. Schwerdtfeger*, Öffentliches Recht in der Fallbearbeitung, 13. Aufl. 2008).

d) Die *Ordnung der Fallfragen* ist, wenn deren mehrere vorliegen, schwierig. Womit beginnen? Die Reihenfolge der Fragen in der gestellten Aufgabe ist manchmal eine Orientierung, noch stärker, wenn eine Frage mit „hilfsweise" in den zweiten Rang gestellt ist. Eine solche Subsidiarität ergibt sich oft aus der Sache, weil nämlich ein Anspruch nur gegeben sein kann, sofern ein anderer *nicht besteht*. Sonst kann es nicht verfehlt sein, mit dem sachlichen Hauptproblem, dem größten Streitpunkt, dem massivsten Straftatbestand (= Mord) zu beginnen. Die ideale Ordnung ergibt sich erst *nach* abgeschlossener rechtlicher Prüfung, ist also in der Klausur schwer möglich, wohl in der Hausarbeit. **79**

e) Für jede einzelne Fallfrage: das *Auffinden der Gesetzesnorm(en)* **80**

= quae sit actio?

Mit einer richtig gestellten Fallfrage wird nach einem konkreten **Sollen** (oben Rn. 26 f.), nach einer Rechtsfolge gefragt. Sie kann nur beantwortet werden aus einer Norm, deren abstrakte Rechtsfolge dieser konkreten Rechtsfolge entspricht. Ein Schadensersatzanspruch ergibt sich nur aus einer zum Schadensersatz verpflichtenden Norm, ein Herausgabeanspruch nur ... usf. Diese Norm ist die *Anspruchsgrundlage*. Hat man sie gefunden, wird zu prüfen sein, ob der (konkrete) Sachverhalt unter den (abstrakten) Tatbestand passt. Im viergliedrigen Subsumtionsmodell

Norm: Tatbestand → Rechtsfolge (abstrakt)
Aufgabe: Sachverhalt → Rechtsfolge? (konkret)

ist also zuerst die Subsumtion auf der rechten Seite zu prüfen, bevor die Subsumtion auf der linken Seite geprüft werden kann.

Das Finden der Anspruchsnorm (im Strafrecht: der Strafnorm; im Öffentlichen Recht früher oder später: der Ermächtigungsnorm) setzt eine genaue Kenntnis des gesetzlichen *Systems* voraus. Zeitraubend wäre es, die BGB-§§ 1 bis 2385 einzeln und nacheinander auf eine passende Anspruchsgrundlage durchzusehen (dagegen eher ratsam bei den StGB-Paragraphen des systemarmen Besonderen Teils). Die **BGB-Systematik** nach dem Muster

Drittes Buch:	Sachenrecht						
	Erster Abschnitt:	Besitz					
		Dritter Abschnitt:	Eigentum				
			Erster Titel:	Inhalt des Eigentums			
			Vierter Titel:	Ansprüche aus dem Eigentum			

soll der Idee nach auf kürzestem Wege zum entscheidenden Punkt führen.

Beispiel: Ein sachenrechtliches Problem? Also III. Buch. Daraus ein Eigentumsproblem? Also 3. Abschnitt. Es geht um Ansprüche aus dem Eigentum? Also 4. Titel. Konkret: ein Herausgabeanspruch? Also § 985. Schon gefunden!

81 Dem **Inhaltsverzeichnis** eines Gesetzes sollten Sie daher mehr Aufmerksamkeit schenken. Unsere Mitwelt denkt oft, dass Juristen Paragraphen auswendig lernen, was natürlich absurd ist. Aber das Inhaltsverzeichnis im Kopf zu haben, ist immens nützlich. Mindestens sollten Sie sich das System der BGB-Bücher I–III und des StGB abtippen und über den Schreibtisch hängen (Fotokopieren bringt nichts!).

Manche ziehen vor, mit dem alphabetischen *Sachverzeichnis* zu arbeiten. Dies führt aber nur weiter, wenn man Grundvorstellungen vom gesetzlichen System hat, z.B. gibt über „Zustandekommen eines Kaufvertrags" der Beck-Text (dtv) mit seinem wortreichen Register weder bei „Kaufvertrag" noch bei „Zustandekommen" etwas her. Weiß man hingegen, dass das BGB diese Regeln unter „Rechtsgeschäfte – Vertrag" vor die Klammer gezogen hat, ist man schnell am Ziel (§§ 145 ff.).

f) Die *Ordnung der Gesetzesnormen*. Wenn die systematische Sichtung des Gesetzes keine (Anspruchs-)Norm ergibt, ist die Fallfrage schon beantwortet: negativ. Ergibt sie *eine*, ist deren Prüfung die Aufgabe. Ergibt sie *mehrere*, entsteht wieder ein Sortierungsproblem: womit anfangen?

Es gibt mehrere Versuche, die Anspruchsgrundlagen des BGB systematisch zu ordnen.

Der Idee nach müsste es möglich sein, diese so aufzulisten, dass man bei jeder konkreten Prüfung notwendig alle in idealer Reihenfolge fände. Aber diese Liste wäre zu lang, brächte fast das ganze BGB noch einmal, nur durcheinandergeschüttelt und böte bei einer originelleren Fallfrage (Kann A das Testament seines Onkels anfechten?) nur Ballast. Als *Groborientierung* ist immer noch die Zweiteilung nützlich:

Ansprüche

Vertragliche (auch: GoA)

1. **Erfüllung**
   (wie § 433 Abs. 1 und 2)
2. **Schadensersatz**
   a) Unmöglichkeit
      (§§ 280, 283)
   b) Verzug
      (§§ 280 Abs. 2, 286)
   c) sonstige Pflichtverletzung
      (§§ 280 ff.)
3. **Herausgabe** (wie § 667),
   Rückgabe (wie § 546 Abs. 1)

Gesetzliche

1. **Unterlassung**
   (wie § 1004)
2. **Schadensersatz**
   a) Gefährdungshaftung
      (wie § 7 StVG)
   b) Verschuldenshaftung
      (wie § 823 Abs. 1 und 2)
3. **Herausgabe**
   a) einer Sache
      (wie § 812, § 985)
   b) des Erlöses
      (wie § 816 Abs. 1)

Vertragliche Ansprüche gehen gesetzlichen Ansprüchen vor, weil das BGB grundsätzlich auf Privatautonomie beruht und die gesetzlichen Regelungen dispositiv sind (vgl. Rn. 60 f.). Es gelten folgende Regeln:

1. Erfüllungsansprüche kommen nur aus Vertrag in Frage. Die Erfüllung kann auch in einem Unterlassen bestehen (Wettbewerbsverbot).
2. Schadensersatzansprüche sind immer zuerst aus Vertrag zu prüfen. Dieser kann deliktsrechtliche Regeln verdrängen, z.B. bei Freistellungsvereinbarungen.
3. Herausgabeansprüche prüft man zuerst am § 985 (evtl. § 861), dann aus Vertrag, dann aus § 812[107].

Im Übrigen gibt es **keine festen Regeln**, vieles ist eine Frage des Arrangements, des persönlichen Geschmacks, letztlich ein ästhetisches Problem. Unter Gelehrten ist sogar strittig ob man – im Zweifel – die Norm vorzieht, die auf einen Schlag das Problem löst, oder sie gerade für den Schluss aufspart, den Leser erst auf die Folter spannt, um ihn dann mit einem Finale con fuoco zu beglücken (*Diederichsen* spricht vom „Retardationsprinzip"). *Tucholsky* sagte über einen Juristen, der bei vielem Reden partout nicht zur Sache kommen wollte

> „Früh übt sich, wer ein Reichsgerichtsrat werden will!"

In der Praxis empfiehlt sich der kürzeste Weg zur Lösung, denn ein Anwalt oder eine Richterin hat auch wenig Zeit, sich mit *nicht* anwendbaren Paragraphen zu beschäftigen. In Klausuren und Hausarbeiten muss jedenfalls die Gewichtung stimmen, d.h. der Schwerpunkt richtig gesetzt sein. Im Zweifel: Fragen Sie Ihren Dozenten!

2. Das Gesetz lesen!

a) Erster Ratschlag: Langsam lesen!

Ein diagonales Überfliegen bringt nichts. Man braucht die Pedanterie eines Oberbuch- **82**
halters, darf sich kein Wort, kein Satzzeichen entgehen lassen. Z.B. muss das Überlesen eines

> „nicht"

zum Gegenteil des richtigen Ergebnisses führen. Was ein Komma verändern kann, geht aus

> „Ein braver Mann denkt an sich (,) selbst zuletzt."

hervor.

107 Genauere Empfehlungen, in welcher Reihenfolge Ansprüche zu prüfen sind, z.B. bei *Brox/Walker*, Allgemeiner Teil des BGB, 41. Auflage 2017, Rn. 839 ff., *Wörlen*, Anleitung zur Lösung von Zivilrechtsfällen, 9. Auflage 2009, Rn. 50 ff.

b) Zweiter Ratschlag: Zäsur zwischen Tatbestand und Rechtsfolge beachten!

83 Die *Zäsur zwischen Tatbestand und Rechtsfolge* genau im Auge behalten, da nur einer dieser Komplexe jeweils geprüft werden kann (vgl. Rn. 21). Meist ist die typische Wer ... der ...-Struktur leicht durchschaubar. Im Strafrecht wird vor

„wird ... bestraft."

die Zäsur sein, im Zivilrecht vor

„ist ... verpflichtet."

Es gibt jedoch verwirrende Überschneidungen. In § 823 Abs. 1 BGB ist das Merkmal

„des entstandenen Schadens",

obwohl in die Rechtsfolge gerutscht, ein Tatbestandsmerkmal, weil in der Rechtsfolge keine *neuen* Voraussetzungen aufgestellt werden dürfen. § 823 Abs. 2 BGB *beginnt* ungewöhnlicherweise mit der Rechtsfolge. Manche Paragraphen haben keinen Tatbestand, sondern differenzieren Rechtsfolgen, wie § 249 BGB.

Es gibt auch, und heute zunehmend mehr, Paragraphen, die weder eine Rechtsfolge anordnen noch irgendeine juristische Relevanz besitzen. Der Gesetzgeber beruhigt sich mit ihnen, aus Angst vor eigener Courage. So heißt es im neuen § 1353 Abs. 1 BGB:

„Die Ehe wird auf Lebenszeit geschlossen."

aber diese profane Version von

„Bis dass der Tod Euch scheidet!"

wird von eben diesem Gesetzgeber keineswegs ernst genommen, sonst würde er keine Scheidung zulassen. In § 1371 Abs. 1 BGB sind die Worte

„... wird der Ausgleich des Zugewinns dadurch verwirklicht, dass ..."

vollkommen funktionslos. Der für Ihre Klausuren und Hausarbeiten geltende Grundsatz

Was überflüssig ist, ist falsch!

wird vom Gesetzgeber nicht mehr eingehalten, obwohl gerade *er* ihn einzuhalten hätte, was unserer Methodologie zusätzliche, unnötige Schwierigkeiten bereitet. Auf derselben Ebene liegen rein verbale Änderungen, von denen „der Auszubildende" das schlimmste Beispiel ist, aber auch § 90a BGB (Tiere keine Sachen) ist kein gutes Beispiel[108].

---

108 Vgl. *Adomeit*, Gesetzesauslegung in Zeiten abnehmender Gesetzesqualität, 1998.

c) Dritter Ratschlag: Logische Struktur herausfinden!

Die *logische Struktur* des Tatbestandes beachten. 84

Das **Auswendiglernen von Schemata** bringt eher in den ersten Semestern etwas.[109] Schemata sind zwar hilfreich, um sich an eine logische Prüfung zu gewöhnen. Irgendwann werden es aber zu viele und eine typische Kategorie von Examensklausuren stellt bewusst Fälle zu fremden Normen bzw. Abweichungen vom „klassischen" Schema, die man mit eigenem Nachdenken lösen muss. Deshalb hier – ergänzend zum vorhergehenden Ratschlag und Teil I dieses Buches – einige weitere Hinweise zu logischen Strukturen von Normen.

Norm N sei wie folgt strukturiert (u. = und, o. = oder)

Wenn [a u. (b o. c) u. (wenn d, dann e)] dann ...

Hier sähe eine Prüfung wie folgt aus: „Der Anspruch könnte aus N folgen. Dazu müsste zunächst a gegeben sein. Das ist der Fall, wenn wie vorliegend ... Dagegen spricht manches gegen das Merkmal b. Darauf kommt es aber nicht an, weil offenbar c gegeben ist. Das Merkmal e spielt nur dann eine Rolle, wenn d gegeben ist. Dafür spricht zwar ... Dagegen spricht aber ..., und diese negativen Gründe sind vorzuziehen, weil ... Damit ist der Tatbestand von N erfüllt, der Anspruch gegeben."

In dieser schematischen Prüfung haben Sie zugleich ein Muster für den *Gutachtenstil*, der sich von Frage zu Frage bis zum Ergebnis tastet (im Gegensatz zum *Urteilsstil* des Richters, der sein Ergebnis an den Anfang stellt).

Elementar für die logische Struktur ist erklärlicherweise die und/oder- Unterscheidung. Man könnte analog der Und-Schaltung

und der Oder-Schaltung

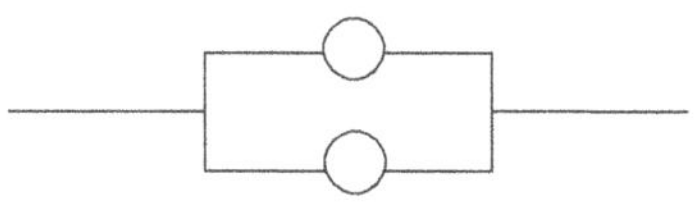

unserer Elektroniker die durch „und" verknüpften Merkmale *nebeneinander*, die durch „oder" verknüpften *untereinander* schreiben, also für § 823 Abs. 1 BGB:

	vors.	Leben	
Wer		Körper	usf.
	fahrl.	Gesundheit	
		...	
		sonst. Recht	

wodurch die Struktur deutlicher wird.

109 Dazu *Rosenkranz*, Sinn und Unsinn des Erlernens von Prüfungsschemata, JuS 2016, S. 294 ff.

Zu dem „oder" in § 823 Abs. 1 BGB eine Frage:

Frage 8

§ 823 Abs. 1 BGB ist nach der 2. Klammer erfüllt, wenn „Körper ... oder Gesundheit" verletzt sind. Es genügt also die Verletzung eines dieser Rechtsgüter. Wie steht es, wenn Körper *und* Gesundheit verletzt sind, wie es bei einem gut platzierten Messerstich immer der Fall ist? (Antwort unten S. 117)

Ein anderes Beispiel: § 123 StGB, Hausfriedensbruch, wo es von „oder" wimmelt, bringt die für das Strafrecht typische Rechtsfolge

> „wird mit Freiheitsstrafe bis zu einem Jahr oder mit Geldstrafe bestraft."

Frage 9

Kann der Richter den Störenfried *sowohl* mit Geld- als auch mit Freiheitsstrafe züchtigen? (Antwort unten S. 117)

85 In der deutschen (Rechts-)Sprache gibt es also zwei verschiedene **„oder"**, das „oder/und" und das „entweder/oder" (das einschließende und das ausschließende oder), und innerhalb desselben Paragraphen (wie in § 123 StGB) wird es oft in zwei Bedeutungen gebraucht. Das kann einen Logiker ganz schön nerven.[110]

Ein Beispiel für die „wenn ... dann-Konstellation" innerhalb eines Tatbestandes ist § 831 BGB. Der Geschäftsherr kann sich danach exkulpieren, indem er nachweist, bei der Leitung der Verrichtung die im Verkehr erforderliche Sorgfalt beobachtet zu haben,

> „sofern er ... die Ausführung der Verrichtung zu leiten"

hatte, sofern nicht, dann ohne diesen Nachweis. (Dies spricht übrigens gegen die Gleichstellung des Verrichtungsgehilfen mit dem Arbeitnehmer im Sinne des Arbeitsrechts!)

Im Übrigen hilft bei komplizierten Tatbeständen – oder Rechtsfolgen – die altväterliche Systematik, durch Gliederung Übersicht zu gewinnen. Was kann nach § 1 Abs. 1 TVG ein Tarifvertrag bringen? Die Norm lautet:

§ 1 Inhalt und Form des Tarifvertrages

Abs. 1: Der Tarifvertrag regelt die Rechte und Pflichten der Tarifparteien und enthält Rechtsnormen, die den Inhalt, den Abschluss und die Beendigung von Arbeitsverhältnissen sowie betriebliche und betriebsverfassungsrechtliche Fragen anordnen können.

110 Für Geduldige mehr davon bei *Herberger/Simon*, Wissenschaftstheorie für Juristen, 1980, insb. S. 39 ff.

Daraus lassen sich Aussagen entnehmen über:

I. Regeln über die Rechte und Pflichten der Tarifvertragsparteien[111]
II. Rechtsnormen über
  1. Arbeitsverhältnisse, nämlich
    a) deren Inhalt,
    b) deren Abschluss,
    c) deren Beendigung
  2. betriebliche Fragen,
  3. betriebsverfassungsrechtliche Fragen.

Alles dies ergibt sich unmittelbar aus dem Wortlaut, nur etwas Denken zugesetzt.

Ärger um ein „und": Die Wohnungsmieten in der DDR lagen im Zeitpunkt der Wiedervereinigung beträchtlich unter Westniveau. Das MietenüberleitungsG ließ eine Erhöhung der Miete um 15% zu, jedoch sollte sich die Erhöhung auf 10% ermäßigen

> „bei Wohnraum, der nicht mit einer Zentralheizung und [!] einem Bad ausgestattet ist."

Der Gesamtverband der Wohnungswirtschaft legte seinen Mitgliedern nahe, überall dort die Miete um 15% zu erhöhen, wo nur das eine *oder* das andere fehle, um schlappe 10% erst bei einem Doppelmangel. Empört der Sprecher des Bundesbauministeriums: „und" bedeute hier soviel wie „und/oder", das sei der klare [!] Wille des Gesetzgebers. – Die Rechtstheorie muss völlig abdanken, wenn im Gesetzblatt verkündete Normen Regeln der Sprachlogik verkennen und die Gesetzesverfasser leichtfertig darüber hinweggehen.

d) Vierter Ratschlag: Sachlich angemessenste Reihenfolge festlegen!

Die *sachlich angemessenste Reihenfolge* der Tatbestandsmerkmale finden. Leider ist **86**
in vielen Fällen unzweckmäßig, oft sogar unmöglich, die Wortfolge des Gesetzes zum Maßstab zu nehmen, weil sie mehr stilistisch bedingt ist. Jedem wird einleuchten, dass die Prüfung des § 823 I BGB nicht mit der Frage

> vorsätzlich oder fahrlässig?

beginnen kann! Denn vorsätzlich handelt, wer weiß und will, was er tut. Dieses Merkmal kann also erst festgestellt werden, wenn man weiß, ob er etwas und was er getan hat. Ebenso ist Fahrlässigkeit – Verletzung der im Verkehr erforderlichen Sorgfalt (§ 276 II BGB) – erst vom erfüllten objektiven Tatbestand her prüfbar.

Allgemein lässt sich sagen

> subjektive Merkmale zuletzt!

und der dreigliedrige Verbrechens- oder Deliktsaufbau „Tatbestandsmäßigkeit/Rechtswidrigkeit/Schuld" ist in der Tat sachlogisch *(Welzel)*[112] bedingt. Geht man ins Detail, so findet man für § 823 I BGB eine Reihenfolge der Prüfungsmerkmale, die den Wortlaut fast auf den Kopf stellt.

---

111 Der schuldrechtliche Teil!

112 *Welzel*, Strafrecht, Der Aufbau des Verbrechens und das Wesen des Täters, 3. Aufl. 1954, S. 28 ff.; heute *Naucke*, Strafrecht – Eine Einführung, § 7 = Das Straftatsystem.

Prüfungsschema für § 823 I BGB:

1. Ist ein genanntes oder anerkanntes Rechtsgut *verletzt*? (Erinnerungsposten: als sonstige Rechte nur absolute, aber auch Persönlichkeit und Gewerbebetrieb).

2. Ist es durch den Beklagten (Anspruchsgegner) verletzt? Dazu muss dieser „wer" gehandelt haben (Tun oder Unterlassen), und es muss *Kausalität* zwischen seinem Handeln und der Verletzung bestehen. Dies ermittelt man mit der Conditio-sine-qua-non-Formel (= Bedingung ohne die nicht; gemeint: ohne die keine Verletzung eingetreten wäre).

3. War der Verletzungserfolg dem Handeln *adäquat*? Eine dem Wortlaut nicht entnehmbare Kontrollstation. Sie zwingt zu Betrachtungen über die Wahrscheinlichkeit.

4. War das Handeln *widerrechtlich*? Bei Unterlassen Garantenpflicht erforderlich. Bei Verletzungen der Persönlichkeit und des Gewerbebetriebs positive Rechtswidrigkeitsfeststellung. Sonst nur negative Prüfung, ob keine Rechtfertigungsgründe gegeben sind.

5. Ist *Deliktsfähigkeit* gegeben? Einbeziehung der §§ 827, 828 BGB.

6. Vorsatz oder Fahrlässigkeit? *(= Verschulden)*

7. Ist ein *Schaden* entstanden? (Tatbestandsmerkmal aus scheinbarer Rechtsfolge).

8. Ist der Schaden durch die Rechtsgutsverletzung entstanden, und zwar in adäquater Weise? (Frage der haftungsausfüllenden *Kausalität*)

Das Schema kann man sich also selbst logisch erarbeiten und Abweichungen vom Schema sind immer wieder geboten. Bei einem 6-jährigen Schädiger geht man natürlich sofort auf die Deliktsunfähigkeit (evtl. auf § 829 BGB) ein. Umgekehrt sollte man die Deliktsfähigkeit nicht oder äußerst knapp prüfen, wenn sie eindeutig vorliegt.

Wenn allerdings ein Tatbestandsmerkmal nicht bejaht werden kann, ist die Prüfung zu Ende. *Alle Voraussetzungen* müssen vorliegen, damit die *Rechtsfolge* eintritt.

87 Nicht aufgenommen ins Schema ist der Gedanke des **Normzwecks**. Man spricht davon im Rahmen des § 823 Abs. 1 BGB – vorher nur bei Absatz 2 – seit dem *Fall des Schrankenwärters* (JZ 1969, 702). Der Schrankenwärter wurde auf dem Heimweg von der Arbeit angefahren und stürzte. Bei der Untersuchung auf eingetretene Schäden wurde auch sein Kopf geröntgt, wobei man eine hochgradige Verkalkung feststellte, die es als wunderbar erscheinen ließ, dass er bisher keinen Unglücksfall verursacht hatte. Er wurde vorzeitig pensioniert. Die Differenz zwischen Gehalt und Pension verlangte er vom Schädiger. – Hier zögerte man, den Anspruch zu geben. Aus der Sicht der Allgemeinheit hat sich der Schädiger nahezu verdient gemacht. Aber im Innenverhältnis zum Schrankenwärter hat er diesem allen aus der Verletzung „entstandenen Schaden" zu ersetzen. Diese haftungsausfüllende Kausalität braucht nicht mehr vom Verschulden umfasst zu sein. Dagegen bleibt nötig, dass es sich um *adäquate* Kausalität handelt, und liegt nicht ein typischer Fall unwahrscheinlichen Verlaufs vor? Bei dem Verkehrsunfall auf dem Weg zum Flughafen, der bewirkt, dass die nächste Maschine genommen wird, die im Ausbildungsinteresse abstürzt, sagt man auch, dass die Wahrscheinlichkeit dieses Ereignisses durch die Verletzung nicht erhöht worden war: jedes Flugzeug stürzt gleich oft ab. So gibt es Röntgenuntersuchungen zu vielen Anlässen, und es hat wohl auch eine Dienstpflicht zu Routineuntersuchungen bestanden. Aber die BGH-Richter meinten, die Besonderheit des Falles sei damit nicht ausgeschöpft: nicht das Unwahrscheinliche der Verletzungsfolge stehe dem Anspruch entgegen, sondern dass sie im Grunde sozial erwünscht war. Also Topik: ein neuer Gesichtspunkt war zu erfinden! Der gefundene, Normzweck, ist allerdings zu weit. „Zweck" ist eine allgemeine methodologische Prüfungsstation (oben Rn. 66), die bei jeder gesetzlichen Vorschrift erörtert werden darf. Nur: wenn ein Paragraph mit so viel Dogmatik übersponnen ist wie § 823 I BGB, wie will man da den Zweck des Urzustandes rekonstruieren? Manche sprechen stattdessen von „Rechtswidrigkeitszusammenhang", und dieses lange Wort will wohl besagen, dass die Rechtswidrigkeit sich nicht nur auf die Verletzungshandlung, sondern ein bisschen auch auf den Schaden zu erstrecken hat. Das ist aber nach der Konstruktion unmöglich, und man sollte nicht wegen eigenartiger Fälle die letzten

Stützen des Deliktaufbaus ansägen. Vielleicht genügt zu sagen, dass ein Verletzungserfolg, der schon vor der Verletzung rechtlich *geboten* war (die Pensionierung des sklerotischen Schrankenwärters), keinen Schaden im Rechtssinne darstellt. Denn unser Schadensbegriff ist ja ein „normativer". In der Nähe liegt das Problem, ob ein Kind, etwa infolge missglückter Sterilisation, im Hinblick auf den notwendigen Unterhalt als „Schaden" gesehen werden darf (strikt dagegen das OLG Bamberg NJW 1978, 1685; dafür: BGH NJW 1980, 1450; Kritik am BGH: *Adomeit*, Jura 1981, 1961; s. *Picker*, Schadensersatz für das unerwünschte eigene Leben [„wrongful life"], 1995).

e) Fünfter Ratschlag: Kontext beachten!

Mit Celsus (oben Rn. 65) den *Kontext beachten*. Es muss schon ein Glücksfall sein, **88**
mit einem einzigen Rechtssatz die abschließende Lösung eines Falles zu finden. Man muss die vorstehenden und die nachstehenden (die „fort-folgenden") Vorschriften beachten. Es ist nämlich selten so, dass von mehreren Paragraphen jeder selbständig und unabhängig einen eigenen Sachverhalt regelt. Das gibt es zwar, im Besonderen Teil des StGB („Tatmehrheit"): Vergiftung und Diebstahl haben selten etwas miteinander zu tun. Im BGB sind benachbarte Paragraphen aber typischerweise voneinander abhängig und zwar meist im Sinne von **Regel-Ausnahme-Verhältnissen**. § 812 BGB gibt einen Bereicherungsanspruch, aber nicht, wenn § 814 BGB vorliegt. § 985 BGB gibt einen Herausgabeanspruch, aber nicht, wenn § 986 BGB vorliegt. Solche Verhältnisse können auch *mehrstufig* sein.

> Regel § 929 BGB: Zur Eigentumsübertragung braucht man Eigentum!
>
> Ausnahme § 932 I 1 BGB: Eigentum braucht man nicht, wenn Erwerber gutgläubig!
>
> Ausnahme von Ausnahme § 935 I BGB: Gutgläubigkeit hilft nicht, wenn Sache abhandengekommen!
>
> Ausnahme von Ausnahme von Ausnahme § 935 II BGB: Abhandenkommen schadet nicht bei Geld!

Wenn also jemand mit gestohlenem Geld seinen gutgläubigen Gläubiger bezahlt, wird dieser Eigentümer der Geldscheine. Die nachklappende Formulierung des § 932 I BGB

> „es sei denn, dass er ... nicht in gutem Glauben ist."

ist eine **Beweislastregel** und bedeutet, dass der gute Glaube vom Gesetz in menschenfreundlicher Weise (widerlegbar) vermutet wird.

Einen Gegensatz zum Regel/Ausnahme-Verhältnis bildet das **Regel/Beispiel-Verhältnis**, oft durch das Wort „insbesondere" gekennzeichnet. Man lese § 138 I und II BGB: Absatz 1 als allgemeiner Tatbestand der Sittenwidrigkeit, Absatz 2 als besonderer Wucher-Tatbestand. Methodisch ist dann Absatz 2 zuerst zu prüfen, erst bei negativem Ergebnis Absatz 1. Das spezielle Beispiel geht vor, weil die allgemeine Regel dann *erst recht* greift.

Lästig sind Verweisungen, die zu *Paragraphen-Ketten* ausarten. So haftet der bösgläubige Bereicherungsschuldner nach § 819 I BGB

> „wie wenn der Anspruch ... rechtshängig geworden (also eingeklagt) wäre."

Dann findet man über § 818 IV BGB und § 292 BGB endlich § 989 BGB, wonach der Schuldner bei Verschulden auf Schadensersatz haftet, während sonst dort nach § 993 BGB u.U. nicht gehaftet wird. Diese bescheidene Rechtsfolge hätte der Gesetzgeber uns direkter mitteilen können. Solche Paragraphen-Ketten muss man einfach lernen oder sich im Gesetzestext an den Rand schreiben (eine andere Frage ist, ob ein so ergänzter Gesetzestext während einer Klausur benutzt werden darf!).

f) Sechster und letzter Ratschlag: Viel und oft Gesetze lesen!

89 Dies ist immer noch der direkteste Zugang zu juristischer Information. Bedenken Sie, dass alle sonst angebotenen Bücher und Skripten auch vom Gesetzestext her erarbeitet sind. Manch einer hat Erkenntniserlebnisse an Stellen, die mühevoll umformulierter Gesetzestext sind. Bei keiner Umformulierung kann man sicher sein, dass nicht der Sinn dislociert ist. Und im klausuralen Ernstfall ist es besser, wenn Sie mit Sätzen umgehen, die Ihnen vertraut sind.

Leider sind im BGB nur noch Paragraphen der Ursprungszeit knapp und klar gefasst, während manche geschwätzige Neuregelung, die oft mehr als eine Textseite umfasst (wie §§ 308, 675y BGB), das juristische Denken eher behindern als fördern.[113]

3. Literatur und Rechtsprechung lesen!

90 Nachdem der Sachverhalt verstanden und mit dem Gesetz abgeglichen wurde, muss man tiefer einsteigen. Dazu genügt es noch nicht, eines der gängigen Lehrbücher zu einem Thema zu verwenden. Diese erlauben nur einen ersten Zugang, Wissenschaft kann man damit (allein) nicht machen. Auch Kommentare und Handbücher haben zwar ihre Bedeutung. Aber es gilt, an die Quellen vorzudringen, d.h. die eigentlichen Entscheidungen oder Meinungen im Original zu lesen und zu verwerten.

Recherche ist auf vielen Wegen möglich. Neben der genannten Sekundärliteratur können Datenbanken und allgemein das Internet hilfreich sein. Hüten Sie sich jedoch davor, einfach nur Passagen zu kopieren und in ihre Bearbeitung einzufügen (was heute sogar bei Doktorarbeiten geschehen soll!).

Wenn eine zur Aufgabe passende Gesetzesvorschrift gefunden wurde, hilft im Zivilrecht z.B. ein Blick in den Palandt, den aktuellsten und verbreitetsten „Kurz"-Kommentar. Dort kann man wertvolle Hinweise auf die Auslegung der Vorschrift und weiterführende Literatur und Rechtsprechung finden. Keinesfalls anstecken lassen sollte man sich allerdings von der Sprache – die zahlreichen Abkürzungen dienen lediglich der Platzersparnis. Mit der Zeit kommen sie einem auch nicht mehr „spanisch" vor. Im Palandt verschafft man sich leicht einen Überblick über die „hM" (herrschende Meinung, also die überwiegende, jedoch umstrittene – sonst hieße es allgemeine Ansicht). Unter „aA" findet man dann

113 Vgl. *Adomeit*, Das BGB – eine Orientierungshilfe für Neugierige, Erstaunte, Verzweifelte und Frustrierte, 2005, mit der Einführung über „das Alt-BGB und das BGB neu".

andere Ansichten und schon hat man einen Meinungsstreit. Idealerweise hatte man selbst schon vor dem Blättern die Idee, dass für das Problem verschiedene Lösungen möglich wären.

Für das weitere Vorgehen gibt es drei Möglichkeiten. Man kann sich mit der Palandt-Lektüre zufrieden geben. Man kann (und sollte) den weiterführenden Hinweisen – wenn sie passend erscheinen – nachgehen, auf der Suche nach neuen Gesichtspunkten. Oder man stürzt sich auf weitere Literatur, andere Kommentare und Lehrbücher und erst danach in die Einzelheiten. Die erforderliche Gründlichkeit ist relativ zur gestellten Aufgabe. Am Anfang des Studiums soll man überhaupt erst einmal mit der Literatur und Rechtsprechung umgehen lernen. Für Studienabschlussarbeiten (und erst recht Dissertationen) wird dann ein deutlich höherer Aufwand verlangt. Am Anfang wird es vielleicht schwer fallen, Urteile und Aufsätze selbst zu lesen und zu verstehen. Diese Startschwierigkeiten und damit sich selbst zu überwinden, ist ein wichtiger Ausbildungsschritt. Es geht im Jura- Studium nicht (nur) darum, sich Wissen einzutrichtern und schnell zum Ziel zu kommen. Lesen Sie nicht nur, um ein bestimmtes Problem zu lösen, sondern auch, um den juristischen Stil besser kennen zu lernen. Mit der Zeit bekommen Sie auch ein sicheres Gespür für die Qualität juristischer Texte – das kann man (leider) nur in der Praxis erwerben.

Oftmals orientieren sich Aufgabensteller an Klassikern, also typischen Lehrbuchfällen oder konkreten Urteilen. Die Kunst liegt – nachdem man „das Original" gefunden hat – dann darin, die eingebauten Abweichungen zu entdecken und zu passenden Lösungen zu kommen.

4. „Entscheiden Sie sich!"

a) Der Weg zur freien Entscheidung

Die Aufforderung, sich zu entscheiden, ergeht an Sie, nachdem Sie den „Streitstand" **91**
korrekt ermittelt haben. Die Feststellung

> „A, B und C vertreten Lösung 1, R und S die Lösung 2."

ist zwar schon ein Ergebnis, aber nur ein Zwischenergebnis. Eine alternative Entscheidung von Rechtsfragen ist in der Jurisprudenz nicht zugelassen (etwa „Folgt man der Lösung 1, so hat X den Anspruch, sonst ist die Klage abzuweisen."). Wer ein Gutachten abgibt, hat jede Streitfrage, von der das Ergebnis abhängt, *zu entscheiden*. Diese Zumutung hat einen befreienden und einen bedrückenden Aspekt.

Befreiend, dass Sie an Autoritäten nicht gebunden sind, weder an Meinungen von Professoren noch an die Ansichten eines Gerichts, sei es auch des höchsten (im Rahmen des GG). Es gibt keine Autorität, von der Sie sich nicht – mit Gründen! – distanzieren dürfen, im Zeitalter zugelassener Rechtsfortbildung theoretisch noch nicht einmal die des Gesetzes. (Anders im Strafrecht!)

Distanzierung vom Gesetz ist natürlich wenig realistisch. Aber allen juristischen Schriftstellern sind Sie (als Verfasser einer Hausarbeit z.B.) gleichgeordnet und dürfen das auch zeigen („Larenz übersieht, dass ...").

Bedrückend: „Woher soll ausgerechnet ich wissen, was rechtens ist?"

92 Wie wird man mit diesem Problem fertig? Versuchen wir, zu differenzieren zwischen der *angelehnten* und der *freien* Entscheidung.

Am Anfang, bei den ersten Übungen in der juristischen Kunst, ist jede Gelegenheit der Anlehnung willkommen. Oft ergibt sich solche schon aus der gestellten Aufgabe. Vorzuziehen ist im Zweifel die Lösung, mit der sich der Sachverhalt rechtlich ausschöpfen lässt. Eine noch so „vertretbare" Ansicht, die nur Stoff für 1/2 Seite bietet, wird wenig Gegenliebe finden. Eine in zweiter Linie gestellte Frage „Wie wäre der Fall zu beurteilen, wenn ..." fordert zu einer alternativen Lösung heraus.

Fehlen solche Anhaltspunkte, so wird unvermeidlich an die „herrschende Lehre" zu denken sein. Selbige ist manchmal schwer feststellbar. Jedoch kann, wenn der BGH, die gängigen Lehrbücher *und* die großen Kommentare im selben Fahrwasser schwimmen, der Kurs nicht falsch sein. Punkte sammelt, wer auch und gerade in solchem Fall die aA zur Kenntnis und argumentativ ernst nimmt. Geringes Risiko geht ein, wer im Zweifel immer Mittelmeinungen folgt.

Überschätzt wird meist die persönliche Ansicht des Übungsleiters, die dieser literarisch oder in der Vorlesung offenbart hat. So groß wird dessen Vergnügen nicht sein, auf Reproduktionen seines Selbst zu stoßen! Manch ein Student hat durch entschiedenen Angriff auf präsente Autorität Karriere gemacht. Aber es stimmt schon: niemand wird die eigene Ansicht als unvertretbar bewerten! Jedem Professor wird vom Geist der Wissenschaft die psychologisch heikle Leistung abgefordert, seine selbsterarbeitete Auffassung mit Leidenschaft zu verfechten, alle Gegner argumentativ zu zermalmen, zugleich aber entgegengesetzte Auffassungen fair entgegenzunehmen und – wenn von einem Studenten vorgebracht – fair zu bewerten.

93 Die angelehnte Entscheidung ist aber nicht das, wohin die juristische Ausbildung Sie bringen will. Das Ziel ist vielmehr die *freie* (= unabhängige) Entscheidung, in der so etwas wie Mitverantwortung für den Gehalt des Rechts zum Ausdruck kommt. Dieses individualistische Moment ist der Rechtsordnung wesentlich. Käme es nur darauf an, dass *entschieden wird*, so wäre das ganze komplizierte und aufwendige Justizwesen überflüssig, die Administration würde gern und leicht diese Aufgabe mit erledigen. Der Rechtsuchende hat Anspruch auf seinen gesetzlichen (d.h. nach Zufallskriterien ausgewählten) Richter, der als Person ihm Gehör gibt und die Entscheidung *aus sich* findet und der sich vor keinem Vorgesetzten zu verantworten hat. *Gefragt* ist hier das Subjektive, das jedem Einzelnen Eigene, von dem schon die Rede war (oben Rn. 15). So verläuft bei jedem ernsthaften Meinungsstreit der Jurisprudenz die Frontlinie im Subjektiven – denn keiner der Beteiligten wird unter juristischer Legasthenie leiden. Die zwischen den Fronten klaffende Lücke kann nur aus der Person des Entscheidenden geschlossen werden.

Wenn unser Rechtssystem oft in polemischer Absicht als „bürgerlich" bezeichnet wird, so ist daran so viel wahr, dass es auf Individualität hin angelegt ist, dass das Individuelle (Subjektive; Ungenormte; sich dem Befehl Entziehende) seine Funktionsbedingung ist. Das gilt für den Bürger, der den „Kampf ums Recht" *(v. Ihering)* aufnehmen will; das gilt für den Anwalt, der das Mandat annimmt; das gilt für den Richter, auf dessen Entscheidung man wartet. Und man wartet – sei es nach Bezahlung von Gerichtsgebühren, sei es unter Prozesskostenhilfe, sei es als von späterer Kostenfolge bedrohter Beklagter – auf eine freie, nicht auf eine angelehnte Entscheidung. In ihr gehen objektive Bestände (Gesetze, Dogmatik, Judikatur) und subjektives Für-gerecht-Halten eine eigenartige Mischung ein[114]. Totalitäre Systeme waren und sind sich einig, dass soviel unkontrollierte Subjektivität nicht sein darf: Führerwille, parteiliche („sozialistische") Gesetzlichkeit traten an die Stelle.

Dagegen ist bei uns die Unabhängigkeit des Richters garantiert und jeder Verdacht verlorener Entscheidungsfreiheit rechtfertigt es, ihn wegen Befangenheit abzulehnen. Die Methodenlehre hat dieses Moment der Freiheit zu achten. Sie darf nicht leisten, was sie gelegentlich zu leisten verspricht: aus der freien Entscheidung eine gebundene zu machen.

Also: die Zumutung eigener Entscheidung erstrebt die Befähigung zu freier Entscheidung. **94**
Am Anfang wird einem der Inhalt der Rechtsordnung mehr oder minder gleichgültig sein, das Bedürfnis nach Anlehnung wird durchschlagen. Jeder Student, der in seiner ersten Hausarbeit etwa einen Streit zwischen Larenz und Fikentscher „zu entscheiden" hat, wird, anstatt seiner Schiedsrichterrolle froh zu werden, böse sowohl auf Larenz wie auf Fikentscher sein, dass diese Leute ihre Probleme nicht allein lösen können, sondern offenbar studentischer Hilfe bedürfen. Diese zugegebenermaßen schwierige erste Erfahrung, die Aufgabe des Richters vorwegzunehmen, ist eine Durchgangsstation. Denn mehr und mehr wird das Gefühl wachsen

tua res agitur!

(= deine Sache wird verhandelt!) und entsprechendes Engagement. Trainiert werden soll die Fähigkeit, die man später beim Richter Judiz nennen wird.

Im Grunde wird man, nach der eigenen Entscheidung befragt, auf den Weg der *Selbsterkenntnis* geschickt. Wer sich – unter Mühen, unter Qualen – die eigene Entscheidung abgerungen hat, kennt sich nunmehr besser.

„Erkenne Dich selbst!"

ist kein schlechtes Motto für die juristische Form des Ego-Trips. Und: die nächste Entscheidung wird leichter sein!

---

114 *Hofmann*, Einführung Rechts- und Staatsphilosophie, 5. Aufl. 2012, S. 124: „Selbstreflexion des Individuums".

b) Begründung

95 Deutsche Juristen haben ihre Meinungen und Entscheidungen zu begründen.[115] Durch die Begründung eines Ergebnisses wird es überzeugend – oder eben nicht (also angreifbar).

Für den Anfänger ist es nicht leicht zu erkennen, welche Fragen unproblematisch sind und daher keiner ausführlichen Begründung bedürfen.

Haben Sie Geduld mit sich!

Zuerst muss man das Handwerk lernen. In der Praxis später, aufgrund jahrelanger Übung, sieht man dann ziemlich schnell, welches Problem der Fall hat. Als Anwalt oder Anwältin sollen Sie ohnehin nicht ein objektiv richtiges Ergebnis begründen, sondern eines, welches dem Mandanten hilft (natürlich nur im Rahmen des rechtlich Zulässigen). Darin müssen Sie ebenso überzeugend sein, wie das Gericht mit seinem Urteil. Und um letztlich jede dieser beruflichen Positionen bekleiden zu können, muss man Begründen lernen.

Die erzwungene Objektivierung eines subjektiven Bestandes ist schwierig, soll aber möglichst aufrichtig sein. Es kursieren unter Richtern Zynismen wie: Es gebe drei Arten von Urteilsgründen: die mündlichen, die schriftlichen und die wirklichen. Oder: „Das Urteil weiß ich wohl, allein mir fehlt die Begründung."

Frage 10

Was halten Sie davon? Antwortmöglichkeit unten S. 117.

Wiederum darf die Argumentation nicht auf der emotionellen Ebene liegen. Zwar hört sich

„L. hat mich mehr überzeugt als F.!"

ehrlich an. Aber obwohl die Entscheidung subjektiv ist hat deren Begründung objektiv, d.h. sachbezogen und nachprüfbar zu sein. Dies fordert zu einer Präzisierung der Selbsterkenntnis heraus: nachdem man sich darüber klargeworden ist, *wie* man entscheiden will, soll man sich auch darüber klar werden, *weshalb* (was im vorbereitenden Stadium auf die zu treffende Entscheidung einwirken wird).

Nicht ausreichend ist der bloße **Autoritätsverweis** („so die h.M."). Schon die Tatsache, dass andere Auffassungen sich durchsetzen und somit zur herrschenden werden können, zeigt die damit noch nicht beseitigte Notwendigkeit einer echten Begründung.

Folgendes lässt sich sagen: die Savigny'sche Quart (oben Rn. 66) gilt auch für die Argumentation. Argumente aus dem Wortlaut des Gesetzes, dem Kontext, der Entstehungsgeschichte und dem Zweck sind nicht nur zugelassen, sondern besonders akzeptiert, und werden am besten in dieser Reihenfolge gebracht.

115 So auch *Lagodny*, Juristisches Begründen, 2013, S. 21 ff.: der Erwerb von Begründungskompetenz ist das zentrale Ziel der Ausbildung. Ausführlich dazu *Kuntz* (vor Rn. 1) S. 878 ff., 896 ff.

Klausuren, in denen man selbständig nur mit den Auslegungskanones arbeitet, sind allerdings eher die Ausnahme. Hausarbeiten verlangen das schon eher. Man sollte sich bewusstmachen, dass **Definitionen** und **Theorien** meist das Ergebnis von Auslegung sind. Wenn Sie eine Definition wiedergeben, dann handelt es sich um eine allgemein anerkannte Auslegung eines Tatbestandsmerkmals. Das Gegenteil gilt für Meinungsstreitigkeiten – da gibt es eben keine einheitliche Auslegung bzw. weitere Argumentation.

Im Übrigen ist das „topische" (rhetorische) Erfinden neuer Gesichtspunkte in Klausuren und Hausarbeiten, in Theorie und Praxis, zulässig und keinen Regeln unterworfen.

Argumente lassen sich nämlich nicht nur aus den Auslegungsmethoden ziehen. In den **96**
letzten Jahren ist man sich der Bedeutung der **Rhetorik** für die juristische Begründung wieder stärker bewusst.[116] *Cicero* (1. Jh. v. Chr.) war – nach heutigem Verständnis – „nur" Gerichtsredner (Rhetoriker), nicht Jurist. Auch die juristische Ausbildung seit dem 11. Jahrhundert in Bologna, an den ersten Universitäten Europas, im Konzept des Humanismus und an heutigen amerikanischen Law Schools ist eng mit der Rhetorik verbunden. Dagegen beruht die deutsche Methodenlehre stark auf der frühneuzeitlichen allgemeinen Wissenschaftslehre seit *Descartes*, mit ihrem Ideal der Gewissheit und Exaktheit. *Savigny* und nach ihm die Positivisten (Rn. 67) kannten bis ca. 1900 die Begriffe **Wertung** und **Abwägung** nicht.[117] Praktisch wurde natürlich trotzdem abgewogen. Aber die Theorie verhalf der Vorstellung einer scheinbaren Reinheit des Rechts von subjektiven Einflüssen zu ihrer bis heute noch andauernden Dominanz. Erst die sog. Schlüsselqualifikationen bringen in der deutschen Juristenausbildung in jüngster Zeit und nur sehr allmählich die Bedeutung von Rede- und Verhandlungskunst in Erinnerung. Aber nicht zufällig werden sie (leider) als nicht wissenschaftlich i.e.S. angesehen.

Weder die Theorie einer Begründungslehre[118], noch eine ausbildungsorientierte[119] Einführung in die Argumentation soll hier vertieft werden. Dazu sei auf die entsprechende Literatur verwiesen. Typische juristische Schlüsse (Argumente) und Schlussfehler wurden zudem bereits oben Rn. 49 behandelt und zur Topik vgl. oben Rn. 72 f.

Dieser kurze Abschnitt zur Rhetorik steht aber nicht zufällig nach der Normlogik und am Ende der Methodenlehre, bevor Gedanken zur Rechtspolitologie folgen. Es ist wichtig, zuerst alle objektiven Mittel (Logik, Auslegung) zur Begründung einer Entscheidung

---

116 Zum Verhältnis von Auslegung und Rhetorik überzeugend *Honsell*, Die rhetorischen Wurzeln der Auslegung, ZfPW 2016, S. 105 ff.

117 Von beeindruckender Klarheit (historisch und für die Gegenwart) dazu *Otte*, Grotius über Mathematik und Moral: Zur Abhängigkeit der (Rechts-)Wissenschaft von der Aristotelischen Logik, in: *Hähnchen* (Hrsg.) Methodenlehre zwischen Wissenschaft und Handwerk, erscheint demnächst.

118 Grundlegend *Alexy*, Theorie der Argumentation, 1978. Vgl. auch *v. Schlieffen*, Wie Juristen begründen. Entwurf eines rhetorischen Argumentationsmodells für die Rechtswissenschaft, JZ 2011, S. 109 ff. – kritisch dazu *Simon*, Alle Quixe sind Quaxe – Aristoteles und die juristische Argumentation, JZ 2011, S. 697 ff.; jüngst *Nierhauve*, Rechtsklugheit. Beitrag zu einer Rhetorischen Rechtstheorie, 2016.

119 Etwa *Haft*, Juristische Rhetorik, 8. unveränd. Aufl. 2009; *Gast*, Juristische Rhetorik, 5. Aufl. 2015; *Walter*, Kleine Rhetorikschule für Juristen, 2. Aufl. 2017.

auszuschöpfen. Man sollte jedoch niemals vergessen, dass Recht politisch ist und dass Juristen auch in ihrem Alltag werten (müssen).

III. Zusammenfassung: Über Auslegung von Rechtsnormen

96a 1. Die entgegengesetzten Methoden der strengen Wortauslegung und der freiheitlichen unbegrenzten Disposition sind rechtstheoretisch gleichwertig. Die Wahl zwischen ihnen – oder die Festlegung auf eine goldene Mitte – ist Frage der praktischen Vernunft im Einzelfall.
2. „Das Recht kann nicht seine eigene Auslegung regeln", *Ross*, Theorie der Rechtsquellen, 1929. Daran kommt man nicht vorbei.
3. Die Naturrechtler wollen nicht zwischen Wunschrecht und geltendem Recht unterscheiden. Das ist taktisch klug. Ein Wunschrecht, hartnäckig verfochten, als schon geltend hingestellt, kann zu geltendem Recht werden.
4. Kriterien der Gerechtigkeit hat man bisher nicht verlässlich entwickeln können, soll es aber immer wieder versuchen.
5. „Rechtsfortbildung" (GVG, ArbGG) setzt einen paradiesischen juristischen Endzustand voraus, dem man hinzustreben habe. Nüchtern gesehen geht es um Rechtsveränderung, meist zu politischen Zwecken. (Darüber *Adomeit*, Rechtsfortbildung und Billigkeitskontrolle im Arbeitsrecht, Festschrift Schaub 1998, S. 1 ff.)
6. Die Problematik der juristischen Methode ist nur ein Teilaspekt der modernen Sinn-Krise, wird mit ihr gelöst werden oder – eher wahrscheinlich – mit ihr ungelöst bleiben.

Teil III

Rechtspolitologie

Literaturauswahl: *Adomeit/Mohr*, Rechts- und Wirtschaftsphilosophie, 4. Aufl. 2018; *Braun*, Einführung in die Rechtswissenschaft, 4. Aufl. 2011, insb. §§ 5-10; *Buckel/Christensen/Fischer-Lescano* (Hrsg.), Neue Theorien des Rechts, 2. Aufl. 2008; *Bydlinsky*, Fundamentale Rechtsgrundsätze – Zur rechtsethischen Verfassung der Sozietät, 1988; *Engisch*, Auf der Suche nach der Gerechtigkeit, 1971; *Hassemer/Neumann/Saliger (Hrsg.)*, Einführung in Rechtsphilosophie und Rechtstheorie der Gegenwart, 9. Aufl. 2016; *Heidenreich*, Theorien der Gerechtigkeit. Eine Einführung, 2011; *Hösle*, Moral und Politik – Grundlagen einer politischen Ethik für das 21. Jahrhundert, 1997 (dazu *Adomeit*, ZRP 1998, 453); *Horn*, Einführung in die Rechtswissenschaft und Rechtsphilosophie, 6. Aufl. 2016; *Larenz*, Richtiges Recht, 1979; *Popper*, Die offene Gesellschaft und ihre Feinde. Bd. I: Der Zauber Platons; Bd. II: Falsche Propheten. Hegel, Marx und die Folgen, 8. Aufl. 2003; *Radbruch*, Rechtsphilosophie, 2. Aufl. (Studienausgabe) 2003, insb. § 8 (Rechtsphilosophische Parteienlehre); *Rawls*, A Theory of justice, 1971 – auf Deutsch: Eine Theorie der Gerechtigkeit, hrsg. (u.a.) von Höffe, 3. Aufl. 2013; *Röhl/Röhl*, Allgemeine Rechtslehre – Ein Lehrbuch, 3. Aufl. 2008, insb. 5. Kapitel: Recht und Gerechtigkeit, S. 291 ff.; *Rüthers/Fischer/Birk*, Rechtstheorie mit Juristischer Methodenlehre, 9. Aufl. 2016, §§ 9, 13-14; *Wesel*, Juristische Weltkunde, 8. Aufl. 2000, Nachdruck 2004, Kap. XIV; *Zippelius*, Allgemeine Staatslehre – Politikwissenschaft, 17. Aufl. 2017, insb. 2. Teil, Staatstypen, S. 136 ff.; *ders.*, Rechtsphilosophie 6. Aufl. 2011, insb. Kap. IV: Die Gerechtigkeit, S. 60 ff.; *Zöllner*, Recht und Politik – Zur politischen Dimension der Rechtsanwendung, in Gernhuber (Hrsg.) Festschrift 500 Jahre Tübinger Juristenfakultät, 1978, S. 131 ff.

I. Grundlegung

1. Die Wissenschaft von der Rechtspolitik

Während die Betreuung fertiger Gesetze der Rechts*wissenschaft* zusteht, demnach also eine wissenschaftliche Aufgabe ist, bestreitet niemand, dass Gesetze in einem politischen Prozess zustande kommen, der *nicht* wissenschaftlich determiniert ist. Die Unterscheidung von Fragen de lege lata (= vom gesetzten Recht her) und de lege ferenda (= über das zu setzende Recht) ist geläufig, und letztere sind in allgemeiner Sicht Fragen der *Rechtspolitik*. In Parteigremien, in Parlamenten, in den Medien, an Stammtischen, von Frauengruppen, unter Autoren etwa der Zeitschrift für Rechtspolitik (ZRP) wird diskutiert: Brauchen wir ein neues Gesetz? Eine Änderung bestehender Gesetze? Welchen Inhalts? Wie umfassend? Wie schnell? **97**

Ein ins Auge fallender Unterschied zum Anwendungsbereich ist, dass die juristische Methode in der Rechtspolitik trotz aller Ähnlichkeit der Sachfragen nichts zu melden hat. Die Rechtspolitik – wie Politik überhaupt – scheint keine Methode zu haben (nötig zu haben?), ihre Sprachspiele sind regellos, noch nicht einmal topisch zu nennen, oft eher sentimental als rational. Sogar offene Widersprüche sind hier zugelassen, die Logik resigniert. Es geht um den „Willen zur Macht", nicht um Erkenntnis. Kenntnisse der Rechtsgeschichte können vor Naivität schützen.

Dass die Beeinflussung von Ansichten das Recht beeinflussen kann, ist aus dem Wechselwirkungsmodell leicht zu erklären (oben Rn. 13). Nicht verschweigbar ist der Anteil purer Machttechnik, mit der Gefolgschaft erzwungen, ein Gegner beschwichtigt, die Abstimmungsschlacht gewonnen wird. Z.B. ist hämische Darstellung[120] ein Mittel, das nicht in der Wissenschaft, wohl aber in der Politik anerkannt ist.

Trotzdem darf die Rechtstheorie das Entstehen von Gesetzen nicht ignorieren und ganz der politischen Praxis sowie den Kollegen von der *Politologie* überlassen. Dagegen spricht, dass letztere Wissenschaft sich unfassbar wenig mit Rechtspolitik beschäftigt – die einzige Spezialzeitschrift ist Beilage zur NJW (!) und vielen namhaften Politologen unbekannt – obwohl dieser Bindestrich-Teil der allgemeinen Politik diese fast schon ganz ausmacht. (Welche -politik kommt ohne die Kreation von Gesetzen aus? Noch nicht einmal die Außenpolitik, die Ratifikationsgesetze braucht.) Vermutlich muss man, um über die lex ferenda (das zu erlassende – geforderte – Gesetz), zu sprechen, ziemlich viel von der lex lata (vom erlassenen, also bereits geltenden Gesetz) verstehen.

Zu einem Grenzübertritt bestünde weniger Anlass, wenn die Rechtspolitiker im Großen und Ganzen mit ihren Produkten zufrieden wären. Das Gegenteil ist oft genug zu beobachten. Gerade Schuldrechtsreformer sinnieren über den Zustand des Schuldrechts. Und wer kennt, nach den Hochschulreformen, einen zufriedenen Hochschulreformer? Rechtswissenschaftler beklagen oft, dass mit großem dogmatischen Aufwand Regelungsfehler zu korrigieren sind, die im Gesetzgebungsverfahren leicht zu beheben gewesen wären.

98 Des Weiteren reicht die Rechtspolitik, unachtend aller Trennungsversuche, weit in die Gesetzesinterpretation, -anwendung und besonders -fortbildung hinein. Wer über den Erlass eines künftigen Gesetzes eine entschiedene, z.B. liberale Ansicht hatte, wird bei der Auslegung des erlassenen Gesetzes diese Einstellung bestimmt nicht unterdrücken. Trotzdem wäre

> „Die Gesetzesauslegung ist Fortsetzung der Rechtspolitik mit anderen Mitteln!"

eine zu weitgehende These. Es wird nicht das gesamte Defizit der Methodologie an sicheren Ableitungen auf das Konto der Rechtspolitik gehen, doch bestimmt ein beträchtlicher Teil. Dass die Aufgaben, Gesetze zu geben/Gesetze zu interpretieren, gleichartig sind, folgt schon daraus, dass sie funktional ausgetauscht werden können. Der Gesetzgeber kann versuchen, bis ins letzte Detail zu gehen, jede Dogmatik entbehrlich zu machen – er kann wenigstens Details „Wissenschaft und Rechtsprechung" überantworten – er kann ganz abstinent bleiben, wie das deutsche Arbeitsrecht zum Streik von Arbeitnehmern.

Wenn Gesetzesanwendung so etwas wie Gesetzgebung ist, ist sie und mit ihr die juristische Methodik folglich (teilweise) auch Politik. Dass ein Gesetz von seinem Geber „verabschiedet" wird, ist sprachlich genau: es findet einen neuen Herrn. Vorwürfe, dass Gerichte gelegentlich Politik betrieben – wie sollte besonders das BVerfG sonst seine

---

120 Beispiel einer Schmähung: *R. M. Kiesow* in der Zeitschrift „Myops" 2008, 52 gegen *Adomeit*.

Aufgaben lösen? – fallen in sich zusammen[121]. Das vorerst nur diesem Gericht zugestandene *dissenting vote* hat schon institutionell deutlich gemacht, was hier geschieht. Es ist das offene Eingeständnis des Nichtvorhandenseins einer determinierenden juristischen Methode.

2. Die politischen Positionen

Aufgabe der Rechtspolitologie kann es sein, die Leitideen gesetzgeberischer und dog- **99**
matischer Innovationen herauszuarbeiten. Sie werden in der klassischen Methodologie als „Zweck" oder „Wille" behandelt. Anerkannt ist die Erforschung der Motive des Gesetzgebers, *sofern* sie sich in den amtlichen Protokollen finden oder von einer juristischen Fachkommission erlassen und publiziert sind. Weiter zu fragen, nach Partei- und Fraktionskämpfen, den dahinterstehenden Interessen (nach Motiven jenseits der „Motive"), gilt unausgesprochen als unziemlich.

> „Wer den Schleier hebt und das Auge nicht schließt, dem starrt das Gorgonenhaupt der Macht entgegen."

soll *Kelsen* hartnäckige Frager beschieden haben, die wissen wollten, was denn nun hinter seinem „reinen" Recht stünde. Oft sind es nur kleinliche Rangeleien um Macht und Einfluss, zweifelhafte Politgeschäfte („Kuhhandel"), Schönfärberei oder unsolide Wahlversprechen.

Über diese Macht, wie sie errungen, bewahrt und ausgeübt wird, ist schwer zu reden. Aber es lassen sich typische, immer wiederkehrende Positionen beobachten, die mit typischen, sich in der juristischen Dogmatik gegenüberstehenden Positionen – vorsichtig ausgedrückt – verwandt sind. Es liegen also invariante Phänomene vor (Einleitung Rn. 1 ff.), die eine wissenschaftliche Bearbeitung erlauben.

Da es sich um *gegenüberstehende* Positionen handelt, sind es *Alternativen*, die zu **100**
sammeln, zu ordnen und aufzulisten sind. Die politische (auch rechtspolitische) Situation lebt vom Konflikt, von einem Gegeneinander (Antagonismus) verschiedener Willensrichtungen, durch das jeder, der in dieses Kraftfeld eintritt, nach dem Freund/Feind-Schema sortiert wird (so zutreffend der unselige Carl *Schmitt*). Wo nur ein Wille besteht, findet keine Politik mehr statt.

Als wichtigste Alternativen werden hier folgende gebracht:

1. Alternative: Soll es überhaupt eine Staats- und Rechtsordnung geben?
   nein! Der *Anarchist*
   ja! Alle Übrigen.

121 Eine Diskussion über die Grenzen des Richterrechts: *Rüthers*, JZ 2007, 365 u. 2006, 53; *Hirsch*, JZ 2007, 863 u. 2008, 188; *Hassemer*, ZRP 2007, 213; *Adomeit*, JZ 2008, 299.

2. Alternative: Wenn schon Staat und Recht, dann lieber weniger oder mehr?
   lieber weniger! *Der Liberale*
   lieber mehr! *Der Etatist* (l'état = der Staat)
3. Alternative: Soll der Staat mehr von unten oder von oben bestimmt sein?
   von unten! *Demokratie!*
   von oben! *Autorität!*
4. Alternative: Soll die dem demokratischen Staat eigene Gleichheits-Tendenz gefördert oder gebremst werden?
   gefördert! *Egalität!* = Gleichheit
   gebremst! Differenzierung! Elite!
5. Alternative: Soll sich der Staat gegenüber seinen Gegnern wie der Falke oder wie die Taube verhalten?

II. Die Alternativen

1. Der Anarchist und sein Feind: der Staat

a) Ziele des Anarchisten

101 Anarchismus (wörtlich: Herrschaftslosigkeit, griech.) ist eine extreme, und zwar negative Einstellung zu Recht und Staat. Sie ist schwer zu vertreten, jedenfalls als konsequente Politik. Die oft zitierten russischen Anarchisten des 19. Jahrhunderts wie *Bakunin* kämpften gegen den zaristischen Staat, jedoch wohl nicht, um ein Nichts an dessen Stelle treten zu lassen. Der aus islamischem Fundamentalismus kommende Terror des 21. Jahrhunderts (mit dem Anschlag vom 11. Sept. 2001 als Symbol des Schreckens) ist extreme Erscheinungsform eines vorausgesagten „Clash of Civilizations" (*Huntington* 1996). Im Juli 2011 forderte der Terrorakt eines fanatischen Islam-Gegners 77 Opfer in Norwegen.

Marx und *Engels* hatten mit der Vision vom „Absterben des Staates" die anarchistische Wunschvorstellung für ihre Lehre eingesetzt, sie aber zugleich mit

„Diktatur!", hier: des „Proletariats",

d.h. mit dem Gegenteil dieser Idee verbunden. Es ist nicht untypisch, dass ein Anarchist, persönlich und programmatisch, eine Affinität zum totalen Staat hat, die Gewalt, die er gegen den Staat einsetzt, nach dessen Eroberung mit den eroberten Mitteln weiter zu üben droht. Dem Studentenführer *R. Dutschke* aus der Zeit der „68er" wurde von *Habermas* der Vorwurf eines „linken Faschismus" gemacht, als er Gewaltbereitschaft propagierte, die sich alsbald in den Taten der „Rote Armee Fraktion" zeigte[122].

---

122 Vgl. *Kraushaar*, Die RAF und der linke Terrorismus, 2006; *Weißer*, Der „Kampf gegen den Terrorismus" – Prävention durch Strafrecht?, JZ 2008, 388.

Für die Rechtspolitik könnte der Anarchist an die Totallösung denken

Alle Gesetze sind abgeschafft! (= la fantaisie au pouvoir!).

Partiell kann er sich die Anerkennung rechtsfreier Räume erhoffen, von „befreiten" Jugendzentren, besetzten Häusern, zeitweilig auch von ganzen Universitäten.

Daneben drängt sich durch die Jahrhunderte immer wieder dramatisch die punktuelle anarchistische Frage auf, ob man, hier und jetzt, einem konkreten aber zweifelhaften Gesetz den Gehorsam schulde, etwa der armen Antigone (die Frage des Widerstandsrechts!). Oft auch weniger dramatisch: vor einer Fußgänger-Ampel, die auf rot zeigt, wenn kein Auto kommt.

b) Auf der Flucht

Am Anfang der abendländischen, d. h. aller Rechtsphilosophie steht der **Prozess des** **102**
Sokrates (im Jahre 400 v. Chr., als S. 70 Jahre alt war), der aufgrund einer Privatklage dem Vorwurf der Gottlosigkeit und der Jugendverführung ausgesetzt war. Er war manchen Leuten in Athen mit seinen radikalen Fragen auf die Nerven gegangen. Seine selbstbewusst-bescheidene Verteidigung (Apologie) vergrößerte noch den Unmut der Richter und führte zu einer Mehrheit für die Todesstrafe. Als S. im Kerker der Vollstreckung durch den Giftbecher entgegensah, erschien sein Schüler *Kriton* mit folgender Nachricht: die Wächter seien bestochen; eine Geldsumme sei bereitgestellt; in Thessalien warteten Gastfreunde, die Flucht habe noch in der kommenden Nacht zu geschehen. S. verwickelt den erklärlicherweise ungeduldigen *Kriton* in ein längeres Gespräch darüber, ob man (er, S.) den Gesetzen Athens zu gehorchen habe. Sein Ergebnis: *ja*. Im entscheidenden Gedankengang lässt er die Gesetze wie menschliche Wesen sprechen und wie folgt argumentieren:

> „Wir, die wir alles Gute, was wir konnten, Dir und jedem Bürger getan haben, halten es so, dass jeder Athener jederzeit die Freiheit hat – nachdem er den Zustand der Stadt und uns, die Gesetze, kennengelernt hat – das Seinige zu nehmen und fortzugehen, wohin er nur will. Keins von uns Gesetzen steht ihm im Wege. Wer aber von Euch geblieben ist, nachdem er gesehen hat, wie hier Prozesse geführt werden und sonst die Stadt verwaltet wird, von dem behaupten wir dann, dass er uns durch sein Verhalten versprochen habe, zu tun, was wir nur immer befehlen" (51d).

Außerdem wird gesagt: die Gesetze Athens seien doch nicht diktatorisch angeordnet, sondern immer zur öffentlichen Diskussion gestellt worden. Jeder habe die Chance gehabt, den Gesetzgeber zu überzeugen … „oder zu folgen"! (51e)

Wenn S. der anarchistischen Versuchung widersteht, dann nicht bedingungslos. Er stellt *qualitative Forderungen* an Gesetze. Welche? Versuchen Sie das aus obigem Text zu ermitteln (Näheres unten Rn. 125).

Ein Hinweis für diese Aufgabe: David Hume hat gegen Sokrates den Einwand erhoben, sein Gedankengang sei nicht klassenneutral: „Kann man ernsthaft behaupten, es stünde im Belieben eines armen Bauern oder Handwerkers, seine Heimat zu verlassen, obwohl er weder fremde Sprachen noch fremde Lebensart kennt und vollauf beschäftigt ist, seinen täglichen Unterhalt zu verdienen? Mit gleicher Berechtigung könnte man sagen, dass ein Mann, der ein Schiff auf hoher See nicht verlässt, dadurch in die Herrschaft des Kapitäns willigt, obwohl man ihn im Schlaf an Bord gebracht hat und sein einziger Ausweg in einem Sprung ins Meer besteht. (...)" Text nach *Hoerster, Klassische Texte der Staatsphilosophie, dtv 6067, S. 171.*

Die Frage nach der erlaubten Flucht und den erlaubten Fluchtmitteln gehört nicht der grauen Vergangenheit an. NJW 1978, 113 brachte aus einer BGH-Entscheidung folgenden Sachverhalt:

„Dem Angeklagten wird vorgeworfen, er habe als fahnenflüchtiger Soldat der Nationalen Volksarmee der DDR auf der Flucht in die Bundesrepublik widerrechtlich zwei DDR-Grenzsoldaten mit einer Maschinenpistole erschossen und zuvor zur Ermöglichung der Flucht drei Kraftwagen mittels Einbruch entwendet (Verbrechen und Vergehen nach §§ 212, 242, 243 StGB). Es besteht der Verdacht, daß er die Grenzsoldaten überrascht und getötet hat, ohne daß sie auf ihn geschossen haben. Das Schwurgericht hat den Angeklagten mangels Beweises freigesprochen. Es ist von der Einlassung des Angeklagten ausgegangen, nach der die Grenzsoldaten zuerst auf ihn geschossen haben und er sein Leben nicht anders als durch gezieltes Feuer auf sie hat retten können. Es hat angenommen, daß der Angeklagte, als er auf die Soldaten schoß, in Notwehr (§ 32 StGB) und beim Diebstahl der Kraftfahrzeuge im Notstand (§ 34 StGB) gehandelt habe."

103 Die Rechtsproblematik des Weinhold-Falles führte über Notwehr (§ 32 StGB) zur Frage, ob die Grenzsoldaten einen rechtswidrigen Angriff gestartet hatten. Da sie nach DDR-Recht zum Schusswaffengebrauch gerade *verpflichtet* waren, ist diese Frage unumgänglich. Bejaht man sie, so hätte die DDR recht gehabt, *Weinhold* offiziell als „anarchistischen Terroristen" zu bezeichnen. Dies führt unvermeidlich zum Problem, ob ein Staat das Recht hat, seine Bürger zwangsweise festzuhalten. Vom Positivismus her gesehen

Gesetz ist Gesetz!

gibt es keine Zweifel. Aber die Rechtsordnung der meisten Staaten kennt gegenüber fremden bzw. früheren Rechtsordnungen qualitative Vorbehalte, die in unserem Internationalen Privatrecht bei Art. 6 EGBGB („ordre public") nachweisbar sind. Freizügigkeit ist vom GG (Art. 11) als Wert garantiert, wenn auch nur für Deutsche (das war *Weinhold*) und wenn auch nur *innerhalb* des damaligen Bundesgebietes (er wollte hinein). Also werden unvermeidlich überpositive Gesichtspunkte einfließen (Endurteil NJW 1979, 2621).

Weinhold hatte einen Vorgänger im Jahre 1943, über den *Radbruch* in seinem berühmten Aufsatz „Gesetzliches Unrecht und übergesetzliches Recht" (SJZ 46, 105) berichtet:

„Im Jahre 1943 war ein an der Ostfront eingesetzter sächsischer Soldat, der zur Bewachung von Kriegsgefangenen kommandiert war, desertiert, ‚angeekelt von der unmenschlichen Behandlung, die die Gefangenen erführen, vielleicht auch des Dienstes in Hitlers Truppen müde'. Er konnte es sich nicht versagen, auf der Flucht in der Wohnung seiner Frau einzubrechen, wurde hier entdeckt und sollte von einem Wachtmeister abgeholt werden. Es gelang ihm, sich unbemerkt seiner geladenen Dienstpistole zu bemächtigen und den Wachtmeister hinterrücks durch einen Schuss niederzustrecken. Im Jahre 1945 kehrte er aus der Schweiz nach Sachsen zurück."

Radbruchs Votum zum allgemeinen, darin enthaltenen Problem war,

„... daß das positive, durch Satzung und Macht gesicherte Recht auch dann den Vorrang hat, wenn es inhaltlich ungerecht und unzweckmäßig ist, es sei denn,

> daß der Widerspruch des positiven Gesetzes zur Gerechtigkeit ein so unerträgliches Maß erreicht, daß das Gesetz als ‚unrichtiges Recht' der Gerechtigkeit zu weichen hat."

Damit fiel für ihn ein großer Teil der nationalsozialistischen Rechtsordnung außerhalb des Rechts.

Die soeben zitierte sog. **„Radbruchsche Formel"** war später tragendes Argument bei der Verurteilung der DDR-Mauerschützen[123].

Frage 11

Radbruch schrieb in erster Linie als Philosoph. Die (spätere) Vermischung seiner Überlegungen mit konkreter Rechtsanwendung ist nicht unproblematisch. Ist es das Gleiche, jemanden entgegen der zur Tatzeit geltenden Gesetze für eine Tötung nicht zu verurteilen (s.o.), weil dies der Gerechtigkeit widerspräche und umgekehrt jemanden entgegen dem seinerzeit geltenden Gesetz (DDR-Mauerschützen) zu verurteilen? (Antwort unten S. 117)

2. Freiheit und Ordnung

Liber heißt frei; libertas die Freiheit; liberal ist, wer sich für diese einsetzt. Der Gegner des Liberalen fragt, was denn das bringen solle; ob es nicht besser sei, alle Kräfte auf ein Ziel zu konzentrieren. **104**

a) Solon und Lykurg

Am Anfang der überlieferten **Staats- und Gesetzgebungsgeschichte** steht der Gegensatz zweier herausragender griechischer Staaten, der von Sparta und Athen, personalisiert in zwei großen Gesetzgebern, *Lykurg* und *Solon*. Sparta (durch Lykurg) verkörpert die etatistische (staatsbezogene) Idee, Athen (durch Solon) die freiheitliche. Über die Gesetzgebung des Lykurg werden wir durch den späten Griechen Plutarch (50–125 n. Chr.) informiert. Manche Historiker halten Lykurg für eine nur legendäre Gestalt. Im Rahmen einer Typologie kommt es auf historische Wahrheit nicht an.

Der politische Anstoß für Lykurg war die **Idee der Gleichheit**:

> „Da eine furchtbare Ungleichheit bestand, viele besitz- und erwerbslose Menschen dem Staat zur Last fielen und der Reichtum in ganz wenige Hände zusammengeflossen war, ging Lykurg daran, Übermut, Neid, Verbrechen, Schwelgerei und die noch größeren Laster des Staats: Reichtum und Armut auszutreiben."

123 BGH, NJW 1993, 141 und 1932; BVerfG, NJW 1997, 929. Vgl. oben Rn. 8; *Lecheler*: Unrecht in Gesetzesform? Gedanken zur Radbruch'schen Formel", 1994; *Alexy*, Mauerschützen – Zum Verhältnis von Recht, Moral und Strafbarkeit, 1993; *Schroeder*, Zur Strafbarkeit von Tötungen im staatlichen Auftrag, JZ 1992, 990; *Hähnchen*, Rechtsgeschichte, 5. Aufl. 2016, Rn. 948.

Seine erste Maßnahme war eine **umfassende Landverteilung**, durch die jeder Spartaner ein gleichgroßes Stück Land erhielt, das einen gleich großen Ertrag bringen sollte, 70 Scheffel Gerste für den Mann, 12 für die Frau (!).

> „Er ging nun daran, auch den Hausrat aufzuteilen, um jegliche Ungleichheit vollends auszurotten."

Dies erwies sich als schwierig. Lykurg kam nur weiter durch **Eingriffe ins Währungssystem**. Er setzte das Gold- und Silbergeld außer Kurs und statt dessen ein Geld aus Eisenstücken ein, so groß dimensioniert, dass die Beförderung eines mittleren Vermögens schon einen zweispännigen Wagen erforderte.

> „Hierauf machte er sich an die Austreibung der unnützen und überflüssigen Gewerbe" (soweit nicht die Währungspolitik das schon erreicht hatte!), denn „... das Eisengeld ließ sich nicht zu anderen griechischen Völkern bringen, sondern war dort wertlos und verachtet. So konnte man keine Flitterwaren aus dem Ausland kaufen, keine Handelsfracht kam in die Häfen gesegelt, kein Bordellwirt, kein Wahrsager, kein Lehrer der Philosophie, kein Hersteller von goldenem oder silbernem Schmuck betrat Spartas Boden, da es dort kein Geld gab. So schwand der Luxus ... allmählich dahin."

Der nächste Eingriff Lykurgs betraf das **Essen**, dem die Griechen – wie schon *Homer* schilderte – zu gern frönten.

> „Um der Üppigkeit noch mehr zu Leibe zu rücken ... setzte er seine beste politische Idee durch: die Einführung gemeinsamer Mahlzeiten. Danach hatten die Bürger zusammenzukommen und die gemeinsamen, vorgeschriebenen Speisen zu sich zu nehmen – statt zu Hause zu speisen, gelagert auf üppigen Polstern vor kostbaren Tischen, bei gedämpftem Licht von den Künsten ihrer Köche gemästet wie gefräßige Tiere ..."

Die häufigste Speise an der gemeinsamen Tafel soll eine schwarze Suppe gewesen sein, von der Chronisten mit Schaudern berichten.

Womöglich noch tiefer griff er mit seiner **Erziehungsidee**. Erst einmal erstrebte er gesunde Neugeborene.

> „Er kräftigte die Körper der Jungfrauen durch Laufen, Ringen, Diskus- und Speerwerfen, damit die Zeugung der Kinder in gesunden Körpern erfolge und die Frucht so besser heranwachse ..."

Man heiratete durch Raub. Die Verheirateten durften nicht zusammenleben, sondern wurden nur für die Zeugung zusammengelassen, damit der Wunsch zu zeugen umso heftiger war. Einem älteren Ehemann wurde nahegelegt, einen tüchtigen jungen Mann bei seiner Ehefrau einzuführen. Denn Lykurg

> „... sah die Kinder nicht als Eigentum ihrer Väter, sondern als Gemeineigentum des Staates an, weshalb er wünschte, dass die Bürger nicht vom ersten besten, sondern von den Tüchtigsten gezeugt würden."

Woraus konsequent folgt:

> „Das zur Welt gekommene Kind aufzuziehen unterlag nicht der Entscheidung des Erzeugers, sondern er hatte es der Gemeinde zu bringen."

Die Gemeinde entschied erst einmal über Tod oder Leben. Schwächliche oder missgestaltete Kinder wurden über einen Abgrund zu Tode gestürzt. Günstigerenfalls setzte die spartanische Erziehung ein. Sie

> „... war darauf gerichtet, dass die Bürger pünktlich gehorchen, Strapazen ertragen und im Kampfe siegen lernten."

Nahrung, Kleidung, Wohnkomfort werden bewusst aufs Minimum gesetzt. Aber nicht nur für die Auszubildenden!

> „Die Zucht erstreckte sich bis auf die Erwachsenen. Keinem stand es frei, zu leben, wie er wollte –: sondern sie lebten im Staat wie in einem Feldlager nach strengen Vorschriften für ihr ganzes Verhalten, privat und in der Öffentlichkeit. Überhaupt glaubten sie nicht sich, sondern dem Vaterlande zu gehören."

Aber wenn nun diese **„Zucht"** bei dem einen oder anderen Spartaner auf keine Gegenliebe stieß? Griechenland bestand aus vielen Staaten! Jedoch Lykurg

> „... gestattete den Spartanern nicht, auch wenn sie diesen Wunsch hatten, das Land zu verlassen und zu reisen. Denn so hätten sie fremde Sitten kennenlernen und zuchtlose Lebensformen und andersartige Staatsformen zum Vorbild nehmen können ... Er verwies auch alle, die aus keinem besonderen Grunde herkamen und den Staat bereisen wollten, von der Grenze, ... damit sie nicht Lehrmeister von etwas Schlechtem würden ... Denn mit fremden Menschen müssen notwendig auch fremde Gedanken hereinkommen; neue Gedanken aber führen zu neuen Urteilen; aus neuen Urteilen entspringen neue Begierden und Zielsetzungen, vielleicht nicht im Einklang mit dem bestehenden Staat."

Letztlich daraus folgender Grundsatz:

> „Daher glaubte er (Lykurg), den Staat noch mehr davor bewahren zu müssen, dass er mit schlechten Ansichten als mit Seuchen oder anderen Krankheiten erfüllt werde."

Illiberaler kann sich eine Staatsordnung kaum zeigen. Ihr einziger Zweck war militärische Stärke, und *Aristoteles*[124] wie Friedrich *Schiller*[125] haben Lykurg vorgeworfen, um dieses Staatszwecks willen alle anderen Zwecke vernachlässigt zu haben. Immerhin hat Sparta das Verdienst, durch Abwehr der persischen Aggression (480 v. Chr.: Thermopylen) Athen erst sein goldenes Zeitalter ermöglicht zu haben.

---

124 Aristoteles, Politik, dtv Nr. 6022.
125 Die Gesetzgebung des Solon und des Lykurg, 1791.

105 Über die rechtspolitische **Gegenwelt des Solon von Athen** sind leider wenige Einzelheiten bekannt. Man hört nur, wie Athen aufatmete, als Solon die frühere Gesetzgebung Drakons aufhob. Aber wir kennen aus Zeugnissen der Kunst und Literatur das Leben in Athen, das ziemlich genau das Gegenteil von Sparta war. Man lebte nach individuellem Geschmack in den Grenzen seines privaten Vermögens. Alle Varianten des Lebensstils sowie des politischen Verhaltens finden sich durchgespielt, freilich auch Liederlichkeit und Zynismus (Alkibiades). Der Staat und seine Zwecke wurden wichtig genommen, aber nicht zu wichtig. In den Komödien finden sich Sottisen gegen machtvolle Politiker, und die Sophisten wetteifern mit verblüffenden Sentenzen gegen Herrschende, gegen den Staat, gegen die Götter. Die beste Rechtfertigung der **athenischen Freiheit** war das Blühen der Künste und Wissenschaften, vor allem zur Zeit des Perikles, während von einer spartanischen Kultur wenig überliefert ist. Aber manch einer wird sich Sorgen gemacht haben, ob ein auf so viel Individualismus gebauter Staat der echten Krise oder einem Angriff von außen gewachsen sein werde – und diese Sorge war berechtigt: Athen unterlag Sparta im Peloponnesischen Krieg endgültig 404 v. Chr. und wurde durch die vom siegreichen Gegner vorgeschriebene tyrannische Staatsform gedemütigt.

b) Platons Befürchtungen

106 So wird erklärbar, dass *Platon* in seiner Lehre vom Staat (politeia)[126] geistig ins Lager der Gegner überwechselte, sich von Lykurg inspirieren ließ. Auch er sah als erste Gefahr eines freiheitlichen Staates, dass Gelderwerb und Reichtum immer wichtiger würden, mit allen Gefahren der Korruption. Außerdem entstünde ein **Klassenantagonismus**, weil

> „… ein solcher Staat notwendig nicht einer ist, sondern zwei. Den einen bilden die Armen, den anderen die Reichen, welche beide, sich immer gegenseitig auflauernd, zusammenwohnen."(551 d)

Außerdem würden die Reichen, um mit ihrem Vermögen ungestört nach Gutdünken zu verfahren, es zulassen, dass im Staat die Zahl der „Drohnen und Armen" anwachse. Dadurch entstünden in der Jugend „drohnenhafte Begierden":

> „Machen sie nicht ihre Jünglinge schwelgerisch, zu leiblichen und geistigen Anstrengungen untüchtig, weichlich und träge, besonders wenn es darauf ankommt, sich gegen Lust oder Unlust zu wehren?" (556b)

Dies werde nicht besser, wenn man Freiheit gleich und allgemein auch den Armen gewähre, also einen Staat schaffe, in dem „jeder die Erlaubnis hat zu tun, was er will". Dies führe nur dazu,

> „… dass man nicht genötigt ist, an der Regierung teilzunehmen, auch wenn man dazu die Fähigkeit hat; noch auch zu gehorchen, wenn man keine Lust dazu hat und ebensowenig im Kriege mitzukämpfen …" (557d)

126 *Platon*, politeia = Staat, Rowohlts Klassiker Nr. 27; eine wundervolle „Nacherzählung" gibt es von *Lege*, „Politeía". Ein Abenteuer mit Platon, 2013.

Manchmal meine man, die Nachsicht eines solchen Staates gehe so weit, dass es ihm vor allem auf die „Wohlgestimmtheit der Verurteilten" ankomme:

> „Oder hast du noch nicht gesehen, dass in einem solchen Staate Menschen, wenn sie zum Tode verurteilt oder des Landes verwiesen sind, nichtsdestoweniger bleiben und mitten unter den anderen umhergehen?" (558a)

Bei den Jünglingen aber, die vom „Honig der Drohnen" gekostet hätten, stelle sich **geistige** Verwirrung ein: Scham werde dumm genannt; Besonnenheit unmännlich; Mäßigkeit und häusliche Ordnung bäurisch und armselig; dagegen würden Übermut, Unordnung, Schwelgerei und Unverschämtheit geschätzt. Die Unordnung werde so weit gehen, dass

> „... ein Vater sich gewöhnt, dem Knaben ähnlich zu werden und sich vor den erwachsenen Söhnen zu fürchten; und der Sohn dem Vater, also die Eltern nicht mehr zu scheuen, damit er nämlich recht frei sei." (562e)

Weiter (ein von jedem Konservativen hochgeschätzter Passus):

> „Der Lehrer zittert bei solchen Zuständen vor seinen Hörern und schmeichelt ihnen. Die Hörer aber machen sich nichts aus den Lehrern. Überhaupt stellen sich die Jüngeren den Älteren gleich und treten mit ihnen in die Schranken in Worten und Taten. Die Alten aber setzen sich unter die Jugend und suchen es ihr gleichzutun an Fülle des Witzes und lustigen Einfällen, damit es nicht so aussieht, als seien sie mürrisch oder autoritär." (563a)

Es werde die Seele der Bürger allmählich so verzärtelt, dass

> „... wenn jemand ihnen auch noch so wenig Zwang auferlegen will, sie gleich unwillig werden und es gar nicht vertragen." (563d)

Dann sei die Zeit reif für den großen Umschlag. Denn

> „... das äußerste Tun in irgend etwas pflegt immer eine große Hinneigung zum Gegenteil zu bewirken. Also wird auch die äußerste Freiheit im Staate sich in nichts anderes umwandeln als in die äußerste Knechtschaft." (564a)

Platon, in diesem **Musterstück dialektischen Denkens**, bekämpft also den Liberalismus als den Wegbereiter der Tyrannei.

c) Erziehung und Selbstbestimmung

Wenn man die Rechtsordnung der Bundesrepublik in die Spannweite Lykurg/Solon ein- **107**
ordnet, neigt sie zum letzten, dem liberalen Typ. Man kann dies im Kontrast zu Lykurgs Regelungen Punkt für Punkt nachprüfen, ob und inwieweit Essen, Trinken, Reden, Schreiben, Gehen, Bleiben, Nichtstun, Streben, Dienen, Weigern, Wohnen, Verdienen, Eigentum erwerben, Lieben, Kinder zeugen oder nicht zeugen und erziehen staatlich normiert sind. Ergebnis wird sein: das Glück zu finden, „the pursuit of happiness", ist jedem sehr stark selbst überlassen. Das beginnende 21. Jahrhundert hat auch Gegen-

tendenzen gebracht: Rauchverbot in Gaststätten und öffentlichen Räumen, Diskussion über Einschränkung der Werbung für Alkohol, Regeln der „political correctness" als fast schon juristisch verbindlich[127], Steuerung des Energieverbrauchs.

In den 50er/60er Jahren war die Sexualität letzte Frontlinie im Kampf ums liberale Prinzip. Der heroische Versuch des BGH (St 6, 46), entgegen der Zeittendenz „gute Sitten" zu wahren und ein Zusammensein von Verlobten als „Unzucht" zu werten, ist oft genug belacht worden. Diese Schlacht ist, bis auf Nachhutsgefechte, geschlagen. Prostitution ist fast ein Beruf wie jeder andere (s. ProstitutionsG von 2001, im Palandt Anhang zu § 138 BGB). Darstellungen von Entblößtheiten werden von der Staatsgewalt nicht mehr geniert, wie jeder Kiosk zeigt. Die schwer definierbare „sexuelle Identität" wird durch das auf europäischen Richtlinien beruhende AGG von 2006 geschützt, vom BVerfG wurde 2017 das „dritte Geschlecht" anerkannt und es gibt die „Ehe für alle".

d) Das Gleichgewichtsprinzip

108 Die Freiheit des Bürgers vor der Staatsmacht kann noch auf einem anderen Wege geschützt werden: indem diese Macht ein Gegengewicht bekommt, das ausbalanciert, kontrolliert, abschwächt. Auf diesem institutionellen Trick beruht bereits die **Verfassung des republikanischen Rom**, von der bis heute der Ausdruck „Republik" seine Würde bezieht.

Rom fand seine republikanische Verfassungsform um 500 v. Chr. nach Vertreibung archaischer Könige. Es war damals noch eine für sich bestehende Landstadt. Seine Verfassung sollte immerhin 4 ½ Jahrhunderte überdauern und wurde erst durch das Kaisertum (Augustus) ersetzt, kurz vor der Zeitenwende, als Rom schon Zentrum eines Weltreiches war.

Die Regierung der Republik lag bei den vom Volke gewählten Beamten, die höchste Gewalt bei den *beiden Konsuln*. Dieses *Kollegialprinzip* ist nur durch den Zweck der Kontrolle erklärbar, nicht etwa durch Demokratie (zwei Konsuln sind nicht demokratischer als einer). Jeder Amtsinhaber konnte selbstständig handeln, solange der andere seinen Anordnungen nicht widersprach („Interzessionsrecht"). Dann hatten weitere Amtshandlungen in dieser Angelegenheit zu unterbleiben, ein gegen die Interzession vorgenommener Akt war nichtig[128]. Ein formelles Verfahren zur Entscheidung im Fall des Konflikts zwischen den Konsuln war nicht vorgesehen[129]. Der Einigungszwang war zusätzlich durch ihre kurze Amtszeit, 1 Jahr, verstärkt. Im Notstandsfall erhielten die Konsuln besondere Vollmachten durch Senatsbeschluss.

Das Konsulat war ursprünglich eine Domäne der altrömischen Aristokratie. Wer nicht zu den patrizischen Familien gehörte, hatte schwerlich Zugang zur Ämterlaufbahn. Also: ein aristokratisches Organ.

---

127 *Adomeit*, Political correctness – jetzt Rechtspflicht!, NJW 2006, S. 2169 ff.
128 *Theodor Mommsen*, Römisches Staatsrecht. Bd. I (1876), S. 274.
129 Jedenfalls nicht nach Einführung der gleichgewichtigen Konsulatsverfassung. *U. v. Lübtow*, Das römische Volk – sein Staat und sein Recht (1995) S. 211.

Das fällige Gegengewicht zugunsten der Plebejer bildeten die beiden *Volkstribunen*. Diese Einrichtung hatten die Plebejer – angeblich durch einen Protestmarsch auf den heiligen Berg außerhalb der Stadt (in montem sacrum) – schon 494 v. Chr. durchgesetzt. Volkstribunen mussten Plebejer sein (gelegentlich umgangen, indem ein an diesem Amt interessierter Adliger sich vorher von einem Mann des Volkes adoptieren ließ). Sie wurden in Versammlungen des Volkes gewählt („concilia plebis"). Die Volkstribunen hatten das Interzessionsrecht gegenüber dem Handeln aller Beamten. Die Konsuln waren damit auf ihre Mitarbeit angewiesen. Ihre Person war unverletzlich (sakrosankt). Ein weiterer Erfolg der Plebejer im Ständekampf war ein Gesetz aus dem Jahre 367 („Lex Licinia Sextia"), wonach einer der beiden Konsuln aus ihren Reihen kommen musste. Manche werden darin statt Gleichgewicht bereits Überparität gesehen haben.

Die große Weiterführung dieser Idee vom Gegengewicht fand *Montesquieu* (1748: De l'Esprit des Lois). Seltenes Beispiel dafür, wie aus analytischem Denken politisches Fordern wird: man kann drei Staatsgewalten intellektuell unterscheiden, also (?!) sind sie konstitutionell zu trennen. **Legislative – Exekutive – Judikatur:** das GG hält sich an diese Ordnung. Vertreter des Machtgedankens *(Lenin, Hitler)* hatten sich dagegengestellt – von ihrer Idee her: stellen müssen. Bei der europarechtlichen Entwicklung von der EWG über die EG zur EU wird ein zu großes Gewicht der Exekutive und ein Defizit der Demokratie gerügt.

3. Demokratie und Autorität

a) Aristoteles und der demokratische Sachverstand

Demos ist das Volk, kratein heißt herrschen, Demokratie ist die Herrschaft des Volkes. **109**
Ihre erste Theorie hat *Aristoteles* geliefert. Für ihn als Logiker ergab sich die Einteilung der möglichen Staatsformen schon aus der Unterscheidung einer/mehrere/alle. Wenn einer herrscht: *Monarchie*. Mehrere, sofern sie die besten sind: *Aristokratie*. Alle: *Demokratie*. Jeder dieser Formen ist eine Verfallserscheinung zugeordnet: die Monarchie kann zur Tyrannis entarten; die Aristokratie zur Oligarchie, in der nur noch Privilegien zählen; und die Demokratie zur Pöbelherrschaft. Aus diesem Schema entwickelt sich von selbst die geschichtstheoretische Lehre vom Kreislauf der Staatsformen, die auch schon in Platons „politeia" anklang: jede Verfallsform ruft zu einem Neubeginn mit dem gegensätzlichen Organisationsprinzip heraus. Doch bei aller analytischen Schärfe kennt Aristoteles den **Wert des demokratischen Prinzips**. Er lobt Solon, der dem Volk die „allernotwendigste Gewalt" gegeben habe, sich seine Regierung selbst zu wählen und sie zur Verantwortung zu ziehen,

> „... denn wenn das Volk nicht einmal diese Macht besitzt, lebt es sklavisch und ist der Verfassung feindlich." (III. Buch 1274b–10)

Er sieht jedoch ein Problem darin, dem Volk die oberste Macht zu geben, also Demokratie im vollen Sinne zu veranstalten. Dies könne sich so auswirken:

> „Wenn die Armen vermöge ihrer Mehrzahl das Vermögen der Reichen unter sich teilten, so würde das kein Unrecht sein, denn die oberste Staatsgewalt hat es, beim Zeus!, auf rechtsgültige Weise so beschlossen; aber was soll man dann noch Unrecht nennen?" (1280b–15)

Für diese Frage des **Minderheitenschutzes** in der Demokratie sieht A. keine Lösung: eine solchen Schutz garantierende demokratische Verfassung kann er sich wohl nicht vorstellen und noch weniger Art. 14 GG. Trotzdem verteidigt er die Demokratie:

> „Wenn auch die einzelnen, aus denen sie (die große Volksmasse) besteht, keine besonders tüchtigen Leute sind, so sind sie doch in ihrem Zusammentreten besser als die besonders tüchtigen Leute, sofern man nicht auf die einzelnen, sondern auf die Gesamtheit sieht, genauso wie ein Schmaus, zu dem viele beitragen, besser sein wird, als der, welcher auf Kosten eines einzelnen veranstaltet wird." (1281b–1)

Die Volksmenge lasse sich „gleichsam als einziger Mensch" sehen, in dem die zerstreuten Vorzüge einzelner Mitglieder verbunden sind. Dadurch sei die Menge jedem einzelnen überlegen. („Für sich allein ist der einzelne unfähig zu entscheiden".) Freilich:

> „... ob es bei jedem Volk und jeder Menge möglich ist, den Unterschied zu den wenigen besonders tüchtigen Leuten so zu sehen, ist fraglich. Bei manchen Völkern ist dies sicher unmöglich ... Denn geradezu gesagt: was ist denn ein Unterschied zwischen manchen Völkern und den Tieren!" (1281b–20)

Dies ein früher Beitrag zum Thema: **reif sein zur Demokratie**. Es liegt mir fern, A. unsympathisch erscheinen zu lassen. Sein konsequenter Gedankengang verbietet ihm einfach, diesen Gesichtspunkt auszusparen. Seine nächste Frage ist die, wie weit die Gewalt der Menge zu gehen habe. Menge sind für ihn

> „... alle, die weder reich sind noch sich durch besondere Tüchtigkeit auszeichnen." (1281b–25)

Sollen „solche Leute" auch höchste Staatsämter übernehmen dürfen? Dies würde

> „... eine sehr unsichere Sache sein. Denn aus Mangel an Gerechtigkeit und Einsicht müssten sie notwendig Unrecht und andere Mißgriffe begehen." (1281b–25)

Wiederum:

> „Sie ganz von allen politischen Rechten auszuschließen, ist gefährlich. Denn wenn eine Menge armer und aller bürgerlichen Rechte beraubter Leute sich im Staat befindet, so ist dieser voll von Feinden." (1281b–30)

Also was?

> „Es bleibt nur übrig, dass sie an der beratenden und richterlichen Gewalt teilnehmen. Daher hat auch Solon das Volk zwar zur Wahl und zur Rechenschaftsabnahme der Beamten bestellt, aber untersagt, dass solche Menschen regieren." (1281b–35)

In puncto **richterliche Gewalt** würde man aus heutiger Sicht A. einige Fragen stellen wollen, zum Tod des Sokrates, zum Scherbengericht, das die Besten außer Landes getrieben hatte. Für den Freund des demokratischen Gedankens ist der Ausdruck „Volksgericht" ein harter Prüfstein. Selbst wenn man sich eine solche Einrichtung nicht in verfälschter, missbrauchter Form, sondern in echter vorstellt! (Die Justiz ist bei uns in einer Mischform demokratisch/aristokratisch organisiert; aristokratisch durch Examens- und Leistungsanforderungen, demokratisch durch politische Wahlausschüsse.) **110**

Auch A. wird unvermeidlich auf das **Verhältnis von Demokratie und Sachverstand** gestoßen, das nicht nur die Regierungstätigkeit tangiert, sondern schon Wahl und Rechenschaftsabnahme.

> „Es könnte scheinen, als ob die Entscheidung darüber, wer einen Kranken richtig behandelt habe, nur dem zustehe, der selbst einen solchen zu behandeln und von der Krankheit zu heilen versteht." (1281b–40)

Ebenso scheine es mit der **Auswahl der Beamten** (Minister) zu stehen:

> „Denn auch richtig zu wählen scheint Sache der Fachleute zu sein, so dass z.B. nur Geometer die richtige Auswahl eines Geometers und Steuermänner die eines Steuermanns zu treffen wissen." (1281b–5) – Also auch nur Professoren bei Berufungen ihrer Kollegen?

Also? Der Gedanke erreicht gefährliche Bezirke!

> „Nach diesem Gesichtspunkt könnte es unrichtig erscheinen, dem Volk die Gewalt zu erteilen, sich selbst seine Beamten zu wählen und sie zur Verantwortung zu ziehen." (1282b–10)

Dieser Zweifel wird endlich weggewischt durch den Hinweis, dass, wer die Folgen eines Tuns zu ertragen hat, oft besser urteilt als der Tätige – so über ein Haus, wer darin wohnt, über „ein Essen der Gast und nicht der Koch". Der Zugang zu öffentlichen Ämtern soll aber ausschließlich geöffnet bleiben „den Adligen, den freien und reichen Leuten",

> „... denn freie Leute und Steuerzahler braucht jeder Staat, der sowenig aus lauter Armen bestehen kann wie aus lauter Sklaven." Denn: „... die Edleren sind eher Bürger als die Unedlen; und man darf vermuten, dass, wer von besseren Vorfahren abstammt, selber besser ist." (1283a–35)

Eine solche Sperre und Beschränkung des **Zugangs zu öffentlichen Ämtern** wird bei uns leicht überlegenes Lächeln hervorrufen. Denn

> „Jeder Deutsche hat in jedem Lande die gleichen staatsbürgerlichen Rechte und Pflichten." (Art. 33 I GG),

aber, bereits etwas eingeschränkt,

> „Jeder Deutsche hat nach seiner Eignung, Befähigung und fachlichen Leistung gleichen Zugang zu jedem öffentlichen Amte." (Art. 33 II GG).

Art. 33 II GG bringt unvermeidliche auswählende = **elitäre Anforderungen**, und die Biographien unserer höheren Beamten und Parlamentarier zeigen, wie sehr die „Menge" bei uns – A. gemäß – von wirklicher Herrschaft ausgeschlossen bleibt. Eine Demokratie, die nicht direkt, sondern nur repräsentativ ist, wird die Distanz zum Volk nie aufheben können. Und lange nach dem Untergang des Feudalismus kamen große Staatsmänner, die viel für ihre Völker tun konnten, aus altadeligen Familien wie *Churchill* oder *Tschu En Lai*. Historisch und statistisch (die Mitgliedsstaaten der UNO) ist Demokratie die Ausnahme, nicht die Regel.

111 Auch gibt zu denken, dass ein nüchterner Mann wie Aristoteles, Logiker und Erfinder des „Allgemeinen Teils" (für alle Wissenschaften, indirekt damit auch fürs BGB), die **Alternative der Monarchie** nicht ausschließen wollte:

> „Wenn jedoch im Staate ein einzelner von ganz überragender Tugend ist, so daß die Tugend und politische Fähigkeit aller anderen zusammen sich damit gar nicht vergleichen lässt, so kann man ihn nicht als bloßen Teil des Staates behandeln. Es würde ihm Unrecht geschehen, wenn er gleiche Rechte mit anderen erhielte, die ihm unterlegen sind. Vielmehr würde ein solcher Mann wie ein Gott unter den Menschen anzusehen sein ... Und es ist klar, daß es für solche Menschen kein Gesetz gibt, denn sie sind selber Gesetz ..." (1284a–5, 10) [sein Schüler Alexander?]

Solchen Tönen gegenüber sind wir misstrauisch (Personenkult!). Aber es wird oft beklagt, dass Politiker in der Demokratie zu sehr gebunden seien, um zu zeigen, was sie könnten. Sprachgewaltig der urkonservative Russe *Solschenizyn* über Probleme des Westens:

> „Der Staatsmann, welcher für sein Land ein großes schöpferisches Werk vollbringen will, ist gezwungen, mit behutsamen und geradezu ängstlichen Schritten vorzugehen; er ist ständig von Tausenden voreiliger Kritiker festgenagelt ... Im Grunde kann der Mann verdienstvoll, begabt, mit ungewöhnlichen Maßstäben ausgestattet sein, aber er kann sich gar nicht entfalten – ... So wird unter dem Deckmantel der demokratischen Kontrolle der Mittelmäßigkeit zum Triumph verholfen." (FAZ 14.7.1978, Harvard-Rede, Übers. Elisabeth Heresch.)

Zuletzt muss noch die Frage *Schumpeters*[130] wiederholt werden: wie die **Auswahl des demokratischen Staatsmannes** (oder einer Bundeskanzlerin) zu bewerten sei, über die in Parteiorganisationen vor-entschieden werde. Sind die Fähigkeiten, die dazu gehören, in einer politischen Partei an die Spitze zu gelangen, den Fähigkeiten, die von einem Staatsmann zu verlangen sind, gleich, ähnlich oder verschieden?

b) Das Paradoxon der Demokratie

112 Bei den Griechen taucht bereits auf, was Karl *Popper* später das Paradoxon der Demokratie genannt hat: die Möglichkeit, dass die Mehrheit alle Herrschaft einem Tyrannen überträgt und so dessen Macht demokratisch legitimiert. Der Staat des Grundgesetzes beruht auf genau diesem Paradoxon. Denn sein unmittelbarer Vorgänger war eine

130 *Schumpeter*, Kapitalismus, Sozialismus und Demokratie, UTB Nr. 172.

Tyrannei, die scheinbar auf demokratischem Wege – am 30.1.1933 – zustande gekommen und spätestens im März 1933 (ErmächtigungsG)[131] befestigt war. Solch nahe Erfahrung erklärt, weshalb das GG ein gebrochenes Verhältnis zum demokratischen Prinzip hat, dieses Prinzip wie Zündstoff behandelt. Zwar heißt es gut demokratisch

> „Alle Staatsgewalt geht vom Volke aus." (Art. 20 Abs. 2),

aber außer in den Wahlen zum Bundestag tritt dieses Volk kaum in Erscheinung. Die Staatsgewalt wird durch „Organe" des Volkes ausgeübt. Unser Bundespräsident ist nicht direkt vom Volk gewählt. Volksbegehren und Volksentscheid sind gegenüber der Weimarer Verfassung außerordentlich beschränkt. Dies ließ sich auch mit der Wiedervereinigung nicht verändern. Dem Verfassungsgeber tönte immer noch eine Stimme in den Ohren, die den Volkswillen demagogisch verleitet hatte. Noch nicht einmal dem Repräsentanten des Volkes, dem gewählten Bundestag, wird vertraut. Das GG beginnt mit dem Abschnitt „Die Grundrechte", dessen Artikel auch die Gesetzgebung

> „als unmittelbar geltendes Recht"

binden, Art. 1 Abs. 3. (Womit eine gelegentliche Verstimmtheit des Gesetzgebers über das BVerfG vorprogrammiert war.)

Diese **Grundrechte** entsprechen den Ideen des Liberalismus. Sie schaffen garantierte Freiräume für jeden Einzelnen. Sie entsprechen aber nicht dem Prinzip der Demokratie, sondern bedeuten Einbußen für die Souveränität (Selbstherrlichkeit) des demokratischen Gesetzgebers. In der Formel von der freiheitlichen demokratischen Grundordnung (Art. 18 Abs. 1) bedeutet „freiheitlich" keine Steigerung von „demokratisch", sondern schwächt ab.

Ein Vertreter der absoluten Demokratie wie *Rousseau* (1712–1778) müsste Protest anmelden, z.B. *Rousseau* (Du Contrat Social, 1758, Buch I, Kap. VII):

> „... il est contre la nature du corps politique que le souverain s'impose une loi qu'il ne puisse enfreindre ... par où l'on voit qu'il n'y a ni peut y avoir nulle espèce de loi fondamentale obligatoire pour le corps du peuple, pas même le contrat social."
>
> (= deutsch „Der Gesellschaftsvertrag" mit dem übersetzten Zitat: „... es ist gegen die Natur des Staatskörpers, wenn sich das Staatsoberhaupt ein Gesetz auferlegt, das es nicht brechen kann. ... hieraus geht klar hervor, dass es für den Volkskörper keinerlei Art eines bindenden Grundgesetzes gibt noch geben kann; nicht einmal der Gesellschaftsvertrag reicht dazu aus.")

Das GG denkt demgegenüber an die Möglichkeit tyrannischer Demokratien und will sie ausschließen, sei dies auch „contre la nature" von irgendetwas.

131 Vgl. *Hähnchen*, Rechtsgeschichte, 5. Aufl. 2016, Rn. 818 f.

c) „Mehr Demokratie wagen!"

113 Trotzdem hat der Demokratie-Gedanke in der (zuerst noch westdeutschen) Bundesrepublik unvorhergesehene Karriere gemacht, aber in außerstaatlichen Bereichen, an die seine Erfinder gar nicht gedacht hatten: Betriebe; Großunternehmen; Universitäten. Von diesen Institutionen wurde gesagt, dass die Demokratie nicht vor ihren Toren haltmachen dürfe.

Damit begannen Prozesse der *Demokratisierung* mit für und gegen sie wogenden Leidenschaften.

aa) Betriebe

114 Wer andere für sich arbeiten lässt, erreicht durch Arbeitsverträge ein Recht auf Direktion, das in gebündelter Form monokratischer Herrschaft ähnelt. In frühkapitalistischer Zeit ließ sich ein solches Verhältnis zwischen Fabrikherrn und -untertanen rein beobachten. Seit den Zeiten von *Engels* (Die Lage der arbeitenden Klasse in England, 1845) und *Marx* (Kapital, I. Bd. 1867) hat die Fabrik-Regie viele Einschränkungen erfahren: Verbot der Kinderarbeit, Mutterschutz, Beschränkungen der Arbeitszeit. Geblieben ist das Direktionsrecht, als Ansatz für Beteiligungsrechte.

Wenn z.B. ein Arbeitgeber, der ein Rauchverbot erteilen will, zu dem er nach Vertragslage berechtigt wäre, nunmehr die Zustimmung des Betriebsrats einzuholen hat, so ist die Ersetzung monokratischer Strukturen durch demokratische deutlich. Weniger deutlich ist, dass auch eine *vertragliche* Regelung, getroffen zwischen Arbeitgeber und einzelnen Arbeitnehmern – z.B. über Prämiensätze beim Prämienlohn (§ 87 I Nr. 11 BetrVG) oder über die Verlängerung des Arbeitsverhältnisses über den 65. Geburtstag des alten Arbeitnehmers hinaus – ohne Beteiligung des Betriebsrats unwirksam sein soll.

bb) Unternehmen

115 Mitbestimmung!" als rechtspolitischer Schlachtruf der 1970er Jahre bezog sich weniger auf Rechte von Betriebsräten in Betrieben, sondern auf Rechte von Gewerkschaften in Unternehmen. Das *Mitbestimmungsgesetz* von 1976 hat diese Forderung mit kleinen, in letzter Stunde vorgenommenen Abstrichen erfüllt: Aufsichtsräte aller Großunternehmen sind seit dem Sommer 1978 paritätisch besetzt. Die dem Vorsitzenden des Aufsichtsrats in Patt-Situationen zugebilligte zweite Stimme gibt der Kapital-Seite ein schwaches Übergewicht, weil sie – und nicht die Arbeitnehmer-Seite – im Regelfall den Vorsitzenden stellt. Man vergewissere sich, worin die Macht des Aufsichtsrats besteht: den Vorstand zu bestellen, der das Unternehmen führt; dessen Tätigkeit zu kontrollieren – §§ 84, 111 AktG.

Ob hier der demokratische Gedanke über seinen legitimen Bereich ausgedehnt wurde, musste das Bundesverfassungsgericht in Entscheidung der Arbeitgeber-Verfassungsklage sagen. Das Urteil vom 1. März 1979 ließ das Gesetz bestehen, doch unter dem Vorbehalt auch zukünftiger Funktionsfähigkeit der Unternehmen sowie des Tarifvertragssystems (Und da dies die entscheidende Frage war, kann man sagen: Das BVerfG hat endgültig noch nicht entschieden! Vgl. NJW 1979, 699).

Aus der Sicht des begonnenen 21. Jahrhunderts stellt sich das im internationalen Vergleich einzigartige deutsche System der Mitbestimmung nicht mehr besonders überzeugend dar. Der überbordende globale Kapitalismus ist von den Gewerkschaftsvertretern mitgetragen worden, auch haben Korruptionsvorgänge u.a. bei VW das allzu idealistische Bild getrübt[132].

cc) Universitäten

In unseren Hohen Schulen war in den 60er Jahren oft (zu oft?) von Demokratie die **116**
Rede. „Hochschule in der Demokratie", so lautete die anstoßgebende Denkschrift des SDS von 1965. Dies war ein falsches Stichwort für die Diskussion. Zwischen „oben" und „unten" in der Universität, zwischen Professoren und Studenten, besteht und bestand kein Machtverhältnis, keine Weisungsbefugnis, weder in der verabschiedeten Ordinarien-Universität noch in der heutigen Gruppen-Universität. Jeder weiß, was an einer Uni gemacht wird: Forschung und Lehre. *Forschung* ist Dienstpflicht des Professors gegenüber dem Staat, der ihn bezahlt, z.B. das Schreiben dieses Buches. Durch *Lehre* wird Studenten etwas angeboten, bestimmte sachliche Information und ein Training in intellektuellen Fertigkeiten. Dieses Angebot kann akzeptiert oder ausgeschlagen werden. Das Herr/Knecht- Verhältnis ist wie folgt verteilt: Herr ist der Student, Knecht der Lehrende, der sich den Bedürfnissen und dem Verständnishorizont des Studenten anzupassen hat. (Die frühere Bezahlung des Professors durch seine Hörer traf dieses Dienstverhältnis genau!)

4. Gleichheit und Differenzierung

a) Platon und Aristoteles streiten sich über Kommunismus

Die Forderung nach Gleichheit scheint *der* Auslöser für politisches Handeln zu sein. **117**
Lykurg (oben Rn. 104) meinte in seinem Staat erst nach hergestellter Gleichheit die Gerechtigkeit zu verwirklichen. *Platons* „politeia" entzündet sich an einem Disput über die zweifelhafte Berechtigung des Reichtums einzelner.

> „Gibt es wohl ein größeres Übel für den Staat als was ihn zerreißt und zu einer Vielheit macht statt zu einer Einheit?" (462a)

Wie soll man das verneinen?

> „Entsteht nun dergleichen nicht daraus, dass die im Staat Zusammenlebenden solche Worte aussprechen wie ‚mein' und ‚nicht mein'?" (462c)

Folglich darf im vollkommenen Staat kein Unterschied im Eigentum bestehen! Dessen Einwohner

132 *Rüthers*, VW – Gemeinsamer Verrat an der Mitbestimmung? NJW 2007, S. 195 ff.

> „... dürfen weder Häuser zu eigen haben noch Land noch sonst ein Besitztum, sondern sollen den als Lohn für ihre Arbeit gewährten Unterhalt gemeinsam verzehren." (464c)

Dies soll viele Vorteile bringen, vor allem wird man **keine Juristen**[133] **mehr nötig** haben:

> „Wird nicht Rechtsstreit und Klage ganz verschwunden sein unter ihnen, ... weil keiner etwas Eigenes hat außer seinem Leibe, alles andere aber gemeinsam ist? Woraus dann folgt, dass keine Zwietracht mehr stattfindet, ... und auch keine Anklagen mehr wegen Gewalttätigkeiten und Beleidigungen." (464d)

Aus diesen Passagen von Platons Staat wird nie richtig klar, wie weit Gemeineigentum reichen soll: ob es alle Bürger oder nur den Stand der Wächter = den öffentlichen Dienst erfasst. Jedenfalls hat *Aristoteles* in seiner „Politik" Widerspruch erhoben, weil

> „... doch nicht alle gleich sind im Genuß wie in der Arbeit, vielmehr große Ungleichheiten bestehen. Und daraus entsteht bestimmt eine Unzufriedenheit wider die, die viel empfangen und genießen, aber wenig arbeiten, bei denen, die mehr arbeiten und doch wenig empfangen." (1262b–10)

A. will wissen, dass es auch Zwist in Gemeinschaften geben könne:

> „Das sieht man schon an denen, die gemeinsam verreisen: denn sie entzweien sich über Kleinigkeiten und geraten aneinander bei der ersten Schwierigkeit, auf die sie stoßen." (1262b–15)

Das **Privateigentum** habe das Gute,

> „... dass ein jeder mit Sorgfalt für seinen eigenen Vorteil arbeitet." – „Was den meisten gemeinsam ist, erfährt am wenigsten Fürsorge." (1263b–25)

Zwar sei die Einstellung, an das Gemeinwohl zu denken, moralisch vorzuziehen, nur sei es *bislang* nicht gelungen, die Menschen davon zu überzeugen. (A. lebte von 384–322 vor Christus!)

Hinzu komme noch

> „... daß es für den Genuß einen unsäglich großen Vorzug hat, irgend etwas sein eigen nennen zu können." ...: „Ein jeder liebt es, geradezu gesagt, jede Art von Besitz zu erwerben." (1262a–25)

Die **volkswirtschaftliche Funktion des Egoismus** im Sinne englischer Ökonomen der Zeit von *Adam Smith* (1723–1790)

> „private vices = public benefit"

---

133 *Platon* hat Juristen nie gemocht und jede hochentwickelte Jurisprudenz als Indiz sittlichen Niedergangs gesehen (405a). Damit stimmt überein, dass die Rechtsgelehrsamkeit im alten Rom erst auf ihre Höhe kam (im 2. und 3. nachchr. Jahrhundert), als dort schon Zustände wie im alten Rom herrschten.

steht zum Greifen nahe. Statt dessen das sehr griechische Argument der Gastfreundschaft:

> „Ein jeder liebt es, seinen Freunden, Gästen und Gefährten gefällig zu sein; und dies ist nur möglich, wenn es ein Eigentum gibt." (1263b–5)

Bei näherer Diskussion des platonischen kommunistischen Staates wird A. direkt ein bisschen böse:

> „Ganz hübsch mag aussehen eine solche Einrichtung und den Schein großer Menschenfreundlichkeit tragen. Wer von ihr hört, mag glauben, daß eine große Solidarität aller zueinander aus ihr entstehen wird. Dies zumal, wenn er die bei den bestehenden Verfassungen hervorgetretenen Übel bedenkt und sich sagt, sie entstünden alle daraus, daß das Vermögen nicht gemeinsam sei: die vielen Prozesse über Verträge, die Verurteilungen wegen Meineids, die Kriechereien gegenüber den Reichen." (1263b–15)

Aber:

> „Alle diese Dinge geschehen nicht durch fehlenden Kommunismus, sondern sind eine Folge menschlicher Schlechtigkeit … . Es wäre nicht gerecht, bloß die Übel zu nennen, von denen wir durch den Kommunismus befreit werden, sondern wir müssen auch die Güter nennen, derer er uns beraubt: dann erweist es sich als ganz unmöglich, ein solches Leben zu ertragen." (1263b–25)

Aristoteles hatte hier sozusagen unsere **Umbrüche und Wenden 1989/90** vorweg- **118**
genommen. Vielleicht war dazu *Platon* im Bestreben, auch die Gegenposition darzustellen, genauer und konkreter: nicht Leben überhaupt, sondern ein von differenzierten Bedürfnissen geprägtes Leben wird unmöglich. Er setzt seinen Sokrates der Frage des Glaukon aus: was es im Kommunismus zu essen geben wird. Über dieses echte Problem ist in den vielen Bänden der MEGA (Marx/Engels – Gesamt-Ausgabe) nie die Rede, obwohl deren Autoren privat gerechten Sinn fürs Kulinarische hatten. Sokrates schildert ein ländlich-einfaches Mahl (372b), hoch über der schwarzen Suppe des Lykurg, aber doch etwas simpel. Dies bringt Glaukon, den Feinschmecker, zur Empörung:

> „Und wenn du einen Staat aus Schweinen gegründet hättest, o Sokrates, so könntest du sie besser abfüttern!" (372d)

Das Gespräch ergibt, was Glaukon als unentbehrlich für ein anständiges Essen ansieht:

> „… es müssen Polster da sein und Tische und anderes Hausgerät, und Vorspeisen und Salben und Räucherwerk und Freudenmädchen und Kuchen zum Nachtisch, dies alles aufs mannigfaltigste." (373a)

Die Antwort des Sokrates (373a–d; lesenswert!) bringt eine kleine Volkswirtschaftstheorie, die sich dahin zusammenfassen lässt, unter Anerkennung individueller Bedürfnisse sei ein kommunistischer Staat nicht machbar.

b) Eigentum und Macht

119 Das Eigentum wird nie aufhören, die Diskussion des Gleichheitsproblems zu bestimmen. *Thomas Morus*, 1478–1535 (der, den Heinrich VIII. köpfen ließ) hat das massierte Auftreten von Dieben im England seiner Zeit auf Erwerbsinteressen der Landlords zurückgeführt, die freie Bauern von ihren Höfen vertrieben hatten, weil sich seit Entwicklung der flandrischen Tuchindustrie die Schafzucht als rentierlicher erwies: eine frühe Kriminalsoziologie. Und *Rousseau* wetterte im „Discours sur l'Origine de l'Inégalité parmi les Hommes":

> „Der erste, dem es in den Sinn kam, ein Grundstück anzulegen und zu behaupten: ‚Das gehört mir!' und der andere fand, die einfältig genug waren, ihm zu glauben, war der eigentliche Gründer der bürgerlichen Gesellschaft. Wieviel Verbrechen, Kriege, Mordtaten, Elend und Scheußlichkeit hätte *der* Mann dem Menschengeschlecht erspart, der die Pfähle herausgerissen, den Graben eingeebnet und seinen Mitmenschen zugerufen hätte ‚Hütet Euch, diesem Betrüger zu glauben! Ihr seid verloren, wenn Ihr vergeßt, daß die Früchte allen gehören und die Erde niemandem!'"

Fortführungen dieses Gedankens (von 1755!) finden wir bei den französischen Revolutionären, bei Marx und bei unserer Umweltschutzbewegung.

Es wäre nur falsch, das Spannungsverhältnis Gleichheit/Differenzierung allein vom Eigentumsproblem her zu diskutieren. Insofern hatte die Lehre von *Marx* Verhältnisse des 19. Jahrhunderts festgeschrieben. Die Macht eines Fabrikherrn beruht oft nicht auf Eigentum, sondern auf Pacht oder Leasing-Vertrag. Er selbst ist oft nicht Eigentümer, sondern (leitender) Angestellter. Verglichen mit seiner Macht war die eines kommunistischen Kaderleiters eher *größer*. Diesem war fast uneingeschränkte Weisungsbefugnis garantiert. Gewerkschaften waren nicht unabhängig, sondern Organe des Eigentümers (des Staates), in erster Linie zu seiner Unterstützung tätig.

Daher These: das Eigentum wird, wo es angegriffen wird, nicht angegriffen als solches (was hätte man gegen den Kleingärtner?), sondern als Mittel der Unterscheidung. Das Eigentum, rechtlich ermöglicht, führt zu reich und arm, hoch und niedrig, oben und unten, demonstriert die Unterschiedlichkeit menschlicher Talente der Tüchtigkeit.

Die Verteidigung verweist darauf, dass Eigentum immerhin erworben werden muss, also soziale Leistungen voraussetzt; dass ein Profit des Eigentums auch anderen zugute kommt, z.B. über Steuern und Verteilung; dass der Wunsch nach eigenem Besitz gesellschaftlich nützliche Dynamik frei macht; und dass Egalität bisher nie herzustellen war, sondern „Neue Klassen" u.ä. hervorgebracht hatte. Mancher sieht bei Egalitäts-Tendenzen richtig rot, z.B. *Kallikles* im platonischen Dialog *Gorgias*:

> „Die, die Gesetze geben, das sind die Schwachen und der große Haufe. Sie denken an sich und an das, was ihnen nützt. So bestimmen sie die Gesetze und das Gute, das gelobt, und das Böse, das getadelt werden soll. Um aktivere Menschen, die mehr leisten könnten, in Furcht zu halten – damit diese nicht mehr haben als sie selbst – sagen sie, es sei häßlich und ungerecht, auf immer mehr auszugehen.

Das soll nun das Unrecht sein: wenn man sucht, mehr zu haben als andere. Denn sie selbst sind, so meine ich, ganz zufrieden, wenn sie nur Gleiches erhalten, einfach, weil sie nichts leisten können und die Schlechteren sind." (483b, c)

c) Gleichheit als Frauenrecht

Frauen mussten sich in langen Jahrhunderten der Menschheitsgeschichte, auch in den **120**
Hochkulturen, juristische Zurücksetzung gefallen lassen. Noch vor 50 Jahren hieß es im Eherecht des BGB, § 1354:

> „Dem Manne steht die Entscheidung in allen das gemeinschaftliche Leben betreffenden Angelegenheiten zu; er bestimmt insbesondere Wohnort und Wohnung."

Der entgegenstehende Art. 3 Abs. 2 GG wurde erst verwirklicht durch das GleichberechtigungsG von 1957. Die rechtliche Gleichheit von Mann und Frau erscheint heute als bare Selbstverständlichkeit, man versteht nicht, wie es noch vor kurzem anders sein konnte (das damalige Denken war weniger individualistisch, eher familienbezogen, der *Familie* standen eigentlich die bürgerlichen und politischen Rechte zu). Umkämpft ist immer noch die *tatsächliche* Durchsetzung der Gleichberechtigung, die der Staat nach Art. 3 Abs. 2, S. 2 GG (1994) fördern muss und die schon seit 1974 zum sozialpolitischen Programm der EU gehört (1. Gleichbehandlungsrichtlinie 76/207/EWG, aufgegangen in RL 2006/54, umgesetzt für das deutsche Recht im AGG 2006). Bei der Besetzung von begehrten, verantwortungsvollen und hochbezahlten Stellungen (daher: Gleichstellungsbeauftragte!) beim Staat und in der Wirtschaft sieht man immer noch Ungleichheit zu Lasten der Frauen: auf Grund von Vorurteilen der Personalleitungen? Oder nur aus Berechnung über evtl. Kosten des Mutterschutzes?[134] Oder weil viele Bewerberinnen, im Sinne der besseren Vereinbarkeit von Familie und Beruf, der totalen beruflichen Inanspruchnahme lieber doch ausweichen?

Vorkämpferinnen dieser Idee waren *Olympe des Gouges*, die 1791 während der Französischen Revolution eine „Erklärung der Rechte der Frau und Bürgerin" verfasste (1793 unter der Guillotine starb); natürlich *Simone de Beauvoir*, Le deuxième Sexe, 1948, dt. 1951; *Alice Schwarzer* mit ihrer Zeitschrift „Emma" ab 1976. Vgl. zu den philosophischen Grundlagen des Allgemeinen Gleichbehandlungsgesetzes (AGG) von 2006 *Adomeit/Mohr*, KommAGG 2. Aufl 2011, Einleitung und *Adomeit*, FS Buchner 2009, S. 1 ff.

5. Der Staat und seine Feinde

a) Über Veränderung

Unsere letzte politische Frage ist, ob und wie sehr ein Staat, der seine Form (= Verfassung) **121**
gefunden hat, sich möglicher Veränderung aussetzen soll. Die richtige Staatsform zu finden, ist eine der nervösesten Denkaufgaben, bei der es wohl nie Ruhe geben wird.

134 Vgl. BVerGE 109, 64 = NJW 2004, 146.

In der griechischen Staatsphilosophie sind fast alle konstruierbaren Lösungen vertreten; in deren Staatspraxis entsprechend ständiger Wechsel. Schon die Frage aufzuwerfen

> Welche ist die ideale Staatsform? (= Welches Sollen soll sein?)

war ein intellektueller Durchbruch gegenüber den in sich ruhenden religiös bestimmten – älteren! – chinesischen und ägyptischen Staatsordnungen (*Jaspers:* Achsenzeit). Nur brachte dieser Fortschritt nicht Glück, sondern Unruhe, Streit, Krieg, Untergang. Ein Staat, der fest überzeugt ist, seine ideale Form gefunden zu haben, könnte alle wie auch immer begründeten Abänderungsversuche gewaltsam abwehren. Dies schien jahrzehntelang die Lösung unserer kommunistischen Nachbarländern zu sein, die sich so überzeugt von ihren Verfassungsstrukturen gaben, dass jeder Änderungsvorschlag als konterrevolutionär verfiel (heute ist es vielleicht noch so im chinesischen Reich). Dies hatte sich in der Ära Gorbatschow dramatisch gewandelt[135]. Die Jahre 2010/11 brachten in arabischen Staaten Unruhe und Forderungen nach Wechsel. Ein freier Staat lässt sich so definieren: in ihm können Vorschläge zur Änderung der Verfassung öffentlich und ohne Sanktionen diskutiert werden.

122 Die Verfasser des GG wussten, dass jede Verfassung, kaum erlassen, Wünschen begegnet, geändert zu werden. Sie ließen Änderungen zu, erschwert: 2/3 der Mitglieder des Bundestages und 2/3 der Mitglieder des Bundesrates haben zuzustimmen (Art. 79 Abs. 2). Mit dieser Befugnis wurde viel angestellt: bis heute sind so viele **verfassungsändernde Gesetze** ergangen, dass man die Artikel des GG sorgsam zählen muss, die seit dem 23. Mai 1949 *nicht* geändert worden sind. Staatsrechtlich ist aber das GG sich gleich geblieben.

Dies aber nur deshalb, weil jede Änderung die Schranke geachtet hatte, die der politisch und rechtstheoretisch erregend neuartige Art. 79 Abs. 3 zog:

> „Eine Änderung dieses Grundgesetzes, durch welche (die föderalistische Struktur) ... oder die in den Artikeln 1 und 20 niedergelegten Grundsätze berührt (?) werden, ist unzulässig."

Was würde geschehen, wenn man diese noli-me-tangere-Formel schlicht missachtete? Oder ein verfassungsänderndes Gesetz erließe des Inhalts:

> „Art. 79 Abs. 3 GG ist aufgehoben."?

Auch wenn wir eine ganz hohe Meinung von uns und unserem Verfassungsgeber haben, werden wir kaum beanspruchen dürfen, für alle Zeit *die* – die einzig wahre – Verfassung entdeckt und gesetzt zu haben. Solche Vorstellungen hat die Geschichte bisher noch immer überrannt. Wenn man sieht, wie schnell jeweils der Wechsel geschah; wie verschieden jeweils das Frühere und das Spätere war; wie oft neue Generationen das ihr jeweils Gebotene begrüßt haben; begeistert begrüßt haben; wie wenig Alternativen es gibt, die *keine* Begeisterung auslösen konnten; und das wäre vor allem unsere demokratische Lösung: so muss man skeptisch sein gegenüber der Intention des Art. 79 Abs. 3

135 Vgl. *Adomeit*, Glasnost in Edinburg, JZ 1989, S. 990.

GG. Die scholastische Theologie schätzte Diskussionen zur Frage, ob der allmächtige Gott einen Stein schaffen könne, der so schwer ist, dass noch nicht einmal *er* ihn hebt. Einer ähnlichen Probe wird der Verfassungsgeber in Art. 79 Abs. 3 unterzogen. Gibt es einen, der den Stein hebt, so hat er ihn gehoben. Nur wird die veränderte Verfassung eine *neue* Verfassung sein. Aufgehoben ist nur die Kontinuität. Es gilt eine *neue* Verfassung. (Die Nationalsozialisten hatten anfangs so getan, als würden sie die Weimarer Verfassung fortführen.)

Das GG dachte an das Ende der Weimarer Republik durch die Tyrannei. Es gewährt **123** Freiheit im Sinne von leben dürfen, handeln dürfen: „the pursuit of happiness" – wozu auch die Freiheit zum Unglück gehört. Nicht aber schrankenlose Freiheit zum Verändern. Diese Unterscheidung war aus politischen und geschichtlichen Erfahrungen hervorgegangen: dass die Frage, ob Leben nach eigenem Gusto erlaubt sein soll, eine andere Frage ist als die, welche Angriffe gegen den Staat erlaubt sein sollen. *Radbruch-Zweigert* formulierten:

> „Die heutige Demokratie ist nicht mehr bereit, die Voraussetzungen für ihre eigene Beseitigung zu legalisieren."

Diese Formulierung war etwas eng[136], aber es gab normativ unleugbar die Verwirkung von Grundrechten (Art. 18); das Verbot verfassungswidriger Parteien (Art. 21 Abs. 2); später ein auf die *Verteidigung* des Staates konzentriertes Widerstandsrecht (Art. 20 Abs. 4).

Die deutsche Wiedervereinigung geschah über Art. 23 (Beitritt), nicht über Art. 146 GG (neue Verfassung). Die Kontinuität wurde gewahrt[137]. Vor allem aus Kreisen der Partei „Die Linke" hört man oft, es wäre 1990 doch besser eine neue gesamtdeutsche Verfassung geschaffen worden.

b) Was heißt „Rechtsstaat?"

Angriffe gegen den Staat finden eine neue Qualität, wenn sie statt mit Worten mit Aktio- **124** nen vorgetragen werden. Denkbar wäre dazu folgende Einstellung: dies sei eine nackte Machtfrage. Wenn die Grundnorm in Frage gestellt sei, komme es nur darauf an, wer der Stärkere sei. Von dieser Möglichkeit des direkten Zugriffs kann ein Polizeiminister im liberalen Staat nur träumen: sie ist ihm verwehrt. Er ist gebunden an die normierte Idee des *Rechtsstaates*. Der Staat ist danach, in allen seinen Aktionen, an rechtliche Vorschriften gebunden. Die Grundrechte (Art. 1 Abs. 3 GG) binden Gesetzgebung, vollziehende Gewalt und Rechtsprechung als unmittelbar geltendes Recht. Gesetze werden auf ihre Vereinbarkeit mit der Verfassung überprüft (Art. 100 GG). Verwaltung hat gesetzmäßig zu geschehen, Art. 20 Abs. 3 GG. Die oft immense Empörung gegenüber Gerichtsentscheidungen, die Staatsakte nachprüfen und entgegen den Gerechtigkeitsvorstellungen der

---

136 Obwohl nicht ohne Vorbild: *Seneca*, de clementia I, 1, 9 spricht von einer besonders glücklichen Gesellschaft, der keine Freiheit fehlt außer der, sich zugrundezurichten: „... Cui ad summam libertatem nihil deest nisi pereundi licentia."

137 Vgl. *Isensee/Kirchhof*, Handbuch des Staatsrechts, Bde. VIII u. IX.

Kläger billigen, verdeckt die keineswegs selbstverständliche Gegebenheit unabhängiger Nachprüfung von Staatsakten.

Dass die Staatsmacht, die das Recht in seiner Geltung schützt, ihrerseits an das Recht gebunden sein soll, ist eine späte und seltene Errungenschaft. Um sie bemüht war die römische Republik. Im darauffolgenden Kaisertum (Principat) und in Byzanz galt im Gegenteil

> „princeps legibus solutus" (Ulpian, Dig. 1, 3, 31) – der Fürst ist von den Gesetzen gelöst,

was Justinian in die Digesten aufnehmen ließ[138]. Dieses byzantinische Rechtsprinzip beherrschte die totalitären Systeme des 20. Jahrhunderts. Aber schon vorher diente es dazu, die Staatsform des Absolutismus zu rechtfertigen.

c) Die Verschwörung des Catilina

125 Inbegriff des Verschwörers ist *Catilina*. Es trifft sich gut für unsere Darstellung, dass seine klassische Aktion gegen einen regierenden Rechtsphilosophen, den Konsul *Cicero* (63/62 v. Chr.) gerichtet war, von diesem aufgedeckt und geahndet wurde.[139] Wir folgen dem Bericht des Sallust[140] (ein Zeitgenosse! 86–34 v. Chr.).

Sergius Catilina entstammte verarmtem Adel. Im Bürgerkrieg der Jahre 88–82 schloss er sich der Adelspartei (Sulla) an und half bei der Vollstreckung von Gewaltmaßnahmen, Vertreibungen, Hinrichtungen. Er bereicherte sich und gewann Einfluss. Von seinem lasterhaften Leben, zunehmend auch von Verbrechen war die Rede. Trotzdem wurde er im Jahre 68 *Prätor*, also an oberster Stelle mit dem Schutz des Rechts beauftragt. Damit war er nur noch eine Stufe vom höchsten Amt, dem Konsulat, entfernt. Als Pro-Prätor von Afrika im folgenden Jahr muss er sich so schamlos bereichert haben, dass ihn im Sommer 66 bei seiner Rückkehr nach Rom Anklage wegen Erpressung erwartete. Er hatte beabsichtigt, mit erbeutetem Geld seine Wahl zum Konsul zu finanzieren. Eine solche Wahl erfolgreich zu bestehen war damals teuer: Spiele, Schaugepränge, Schenkungen, Bestechungen. Infolge der Anklage, von der er freigesprochen wurde, konnte er sich erst 64 für das Konsulat des folgenden Jahres bewerben. Mitbewerber und größter Konkurrent war *Cicero*, damals 42 Jahre alt, auf dem Lande geboren, nach Maßstäben römischer Aristokratie ein Emporkömmling („homo novus"), jedoch als Anwalt erfolgreich hervorgetreten und steilen Aufstiegs in der Ämterlaufbahn.

Catilina nahm, um die Schar seiner Anhänger zu vergrößern, einen politischen Frontwechsel vor: von der Adels- zur populären Partei. Er versammelte neben unzufriedenen Adligen ein Heer von desperados um sich, denen er revolutionäre Versprechungen für den Fall seines Konsulats machte: Enteignung der Reichen, Landverteilung, Ämter, Schuldentilgung, freie Erlaubnis zum Plündern. Schon jetzt begann seine Anhängerschar

138 Dazu *v. Lübtow*, Das römische Volk – Sein Staat und sein Recht, 1955, S. 459 ff. „... die klassisch gewordene Formulierung des Absolutismus."

139 *Cicero*, Pro P. Sestio oratio – Rede für Sestius (lateinisch-deutsch), Reclam 2010.

140 *Sallust*, Die Verschwörung des Catilina, Reclam Nr. 889 (ed. K. Büchner).

die Straßen Roms unsicher zu machen und einschüchternde Gewalt zu üben. Dies brachte die Nobilität dazu, entgegen ursprünglicher Neigung *Cicero* zu unterstützen, dessen Beredsamkeit im politischen Ernstfall auch das „populariter agere" (= sich als Volksfreund geben können) umfasste. *Cicero* wurde (zusammen mit einem *Antonius*) ruhmvoll gewählt.

Nunmehr beschließt *Catilina*, den Staat im Wege des Umsturzes in seine Gewalt zu bringen. Er treibt seine Anhänger zur Organisation des Umsturzes an, lässt Unzufriedene in Rom, in ganz Italien, aufwiegeln, sogar Sklaven, was politisch an den Nerv der römischen Ordnung ging. In Fiesole wird ein gut bewaffnetes Heer versammelt. Die Ermordung *Ciceros* und anderer Mitglieder des Senats wird vorbereitet.

Jetzt handelt *Cicero*. Nach seinem Bericht über *Catilinas* Pläne beschließt der Senat den **Ausnahmezustand**, gemäß der alten Notstands-Formel:

„videant consules, ne quid res publica detrimenti capiat!"

(= mögen die Konsuln zusehen, dass der Staat keinen Schaden nehme!). Die damit verbundenen Vollmachten nutzt *Cicero*, militärische Vorbereitungen zu treffen. *Catilina* ruft – in der Nacht 5./6. November 63 – Vertraute in Rom zusammen und begründet die Unumgänglichkeit, *Cicero* zu ermorden.

Dieser ist durch ausgezeichneten Spitzeldienst, der selbst bestehende Liebesverhältnisse nutzt *(Fulvia!)*, unterrichtet: die Mörder finden sein Haus bewacht. Im Senat schmettert er *Catilina*, der sich dort einzufinden wagt, das berühmte

„quo usque tandem abutere patientia nostra?"

(= wie lange willst du noch unsere Geduld missbrauchen?) entgegen und zwingt ihn zum hastigen Aufbruch aus Rom. Nur eine Woche später wird in Rom bekannt, dass er den Oberbefehl über das gesammelte Heer übernommen hat, mit angemaßten militärischen Abzeichen der obersten Heeresführung. *Cicero* setzt durch, dass *Catilina* zum

„Hostis populi Romani"

(= Feind des röm. Volkes) erklärt wird, was bedeutet, dass er nun vogelfrei ist. Doch seine Anhänger stehen zu ihm, auch die in Rom verbliebenen.

Der Fortgang der Verschwörung bringt sogar ausländische Gesandschaften ins Spiel. Die Verschwörer versuchen, diese an ihrem Putsch zu beteiligen. *Cicero* erfährt davon; erwirkt, dass die Gesandten sich schriftliche Bestätigungen geben lassen; kann ihnen diese in einem inszenierten Überfall abnehmen; lässt dabei die wichtigsten fünf Verschworenen festnehmen; hat endlich schriftliche Beweise für geplante Mord- und Brandstiftungsaktionen; überdies für Konspiration mit ausländischen Feinden. Unter den 5 Verhafteten ist peinlicherweise der amtierende Prätor *Lentulus*.

Was sollte mit ihnen geschehen? *Cicero* konnte offenbar nur an ihre Hinrichtung als natürliche Folge denken. Überraschenderweise trat *Caesar* dem entgegen, den man eher bei den Falken als bei den Tauben erwartet hätte (damals gewählter pontifex maximus = Oberpriester, obwohl durch besondere Frömmigkeit nicht hervorgetreten).

Er erinnerte daran, dass römisches Strafrecht die Todesstrafe gegen einen römischen Bürger verbot, sofern dieser bereit war, in die **Verbannung** zu gehen. Nun war das Exil in diesem konkreten Fall gerade keine Lösung: die Verschwörer hätten sich, die „Verbannung" wählend, sofort mit ihrem Oberhaupt *Catilina* vereinigt und seine Heerschar verstärkt. Also ein klarer Konflikt zwischen Legalität und Staatsraison! *Caesar*:

> „nam si digna poena pro factis eorum reperitur, novom consilium approbo; si magnitudo sceleris omnium ingenia exsuperat, his utendum censeo, quae legibus comparata sunt."

(= dann, wenn eine geeignete Strafe für deren Taten sich findet, befürworte ich den neuen Antrag (Todesstrafe); aber wenn die Größe des Verbrechens der Fantasie (des Gesetzgebers) überlegen ist, schlage ich vor, das anzuwenden, was von unseren Gesetzen vorgesehen ist). Will sagen: **„Nulla poena sine lege!"** Der vom designierten Konsul *Silanus* gestellte Antrag erscheine dem römischen Staate nicht wesensgemäß (= „aliena a re publica videtur"). Und Silanus handele falsch,

> „genus poena novom decernere"

(= eine neue Art von Strafe zu erfinden). Eher hätte *Silanus* die Auspeitschung beantragen sollen; aber offenbar sehe er sich durch geltendes Recht daran gehindert. Nun verdienten zwar Hochverräter keine Schonung. Trotzdem berge das Verlassen der Legalität Gefahren! Denn

> „omnia mala exempla ex rebus bonis orta sunt"

(= alle bösen Beispiele sind aus gerechten Anlässen hervorgegangen). Genauer:

> „sed ubi imperium ad ignaros eius aut minus bonos pervenit, novom illud exemplum ab dignis et idoneis ad indignos et non idoneos transfertur"

(= sobald diese Macht an Ungeübte oder Böse kommt, wird die neue Maßnahme von dafür Geeigneten auf dafür Ungeeignete übertragen). *Caesar* bringt Beispiele, wie Spartaner nach ihrem Sieg Athener zu Tode gebracht haben, Sullaner in Rom Anhänger der Volkspartei. Zwar sei unter der Herrschaft des *Cicero* solches nicht zu befürchten (= „atque ego haec non in M. Tullio neque his temporibus vereor"), aber in einem großen Staat gäbe es viele und verschiedene Geister (= „sed in magna civitate multa et varia ingenia sunt"). Deshalb:

> „potest alio tempore, alio consule, quoi item exercitus in manu sit, falsum aliquid pro vero credi"

(= es kann zu anderer Zeit, unter einem anderen Konsul, dem auch das Heer zum Befehl steht [wie später ihm!], das Falsche für Wahrheit gelten). Letzten Endes:

> „ubi hoc exemplo per senatus decretum consul gladium eduxerit, quis illi finem statuet aut quis moderabitur?"

(= wenn durch solches Beispiel durch einen Senatsbeschluss der Konsul das Schwert geführt hat, wer wird ihm dann noch eine Grenze setzen; wer wird ihn mäßigen?). Man solle, statt sie illegal hinzurichten, die Verschwörer getrennt unter Kontaktsperre in Landstädte verbannen.

Dieser Maßstabsarbeit in Sachen **Legalitätsprinzip** setzt *Cicero* (4. Catilinarische Rede) alle rhetorisch möglichen Argumente entgegen.

Er zieht, sehr geschickt, *Caesars* Glaubwürdigkeit in Zweifel, weil dieser – obwohl aus vornehmster Familie stammend – die Partei der Popularen vertrete. *Caesar* habe sich zu Unrecht auf den Schutz römischer Bürger vor der Todesstrafe berufen. Denn: jetzt kommt, beinahe unvermeidlich, das schlimme Argument:

> „qui autem rei publicae sit hostis, eum civem esse nullo modo posse"

(= ein Staatsfeind kann nimmermehr Bürger unseres Staates sein)

> „decernite diligenter ac fortiter!"

(= beschließt schnell und kräftig!). Der Beschluss lautet auf Tod. *Cicero*[141] ordnet sofortige Hinrichtung an, damit nicht neu gestellte Anträge etwas ändern konnten. In derselben Nacht werden die fünf im Keller erwürgt. *Catilina* selbst fällt wenig später in offener Feldschlacht.

Cicero, zuerst als Retter des Vaterlandes gefeiert, wurde 5 Jahre später aufgrund eines rückwirkenden Gesetzes (!) wegen der von ihm zu verantwortenden Hinrichtungen in die Verbannung geschickt.

Aufgabe: Auch in der Geschichte der Weimarer und unserer Republik sind regierende Rechtsphilosophen gegen (wirkliche oder vermeintliche) terroristische Gefahren vorgegangen. Einmal *Gustav Radbruch*, der als sozialdemokratischer Justizminister der Weimarer Republik nach der Ermordung Rathenaus 1922 ein „Gesetz zum Schutze der Republik" durchsetzte. Dann *Werner Maihofer*, der 1977 als von der FDP entsandter Bundesinnenminister, nachdem Kontakte zwischen dem Atomwissenschaftler Traube und dem Terroristen *Klein* bekannt geworden waren, deren Gespräche unter Berufung auf „übergesetzlichen Notstand" abhören ließ oder eine solche Aktion deckte.

Frage 12

Wie stehen diese Aktionen zum Denken Ciceros? (Antwort unten S. 117)

141 *Mommsen*, Röm. Strafrecht, 1899, S. 173 spricht vom „ebenso unpolitischen wie unmenschlichen Justizmord" des Cicero.

6. Abschluss: Über Gerechtigkeit

126 Normen, Gesetze, Urteile, ganze Rechtsordnungen können (und sollen) gerecht sein. Gesetzgeber, Dogmatiker und Richter haben dieses Ziel anzusteuern. Am häufigsten ruft der Rechtsunterworfene – die öffentliche Meinung – kritisch anklagend: „Wo bleibt da die Gerechtigkeit?" Nach der Wiedervereinigung war die Bürgerrechtlerin *Bärbel Bohley* enttäuscht, statt Gerechtigkeit nur einen Rechtsstaat gewonnen zu haben, dabei ist das schon ziemlich viel. Solange Gerechtigkeit noch nicht erreicht ist, haben wir Rechtskritik und Rechtspolitik nötig. Aktuell sind etwa nach wie vor die Diskussionen um soziale Gerechtigkeit (Mindestlohn, Chancengleichheit), Genforschung (Klonen, Verwendung embryonaler Stammzellen), Sterbehilfe oder anonyme Elternschaft („Babyklappe", Leihmütter, Samenspende).

Gerechtigkeit ist also eine **Eigenschaft von Recht**, und zwar eine positive, um nicht zu sagen, ideale Eigenschaft. Wie beschaffen muss Recht sein, um dieses Prädikat zu verdienen? Das ist das ewige Thema der *Rechtsphilosophie*, zu dem alle ihrer Großen Gedanken beigetragen haben – nur ohne ein gemeinsames Ergebnis. Die Rechtstheorie der neueren Zeit, seit *Jeremy Bentham*[142] – „Justice is nothing more than an imaginary instrument, employed to forward on certain occasions and by certain means, the purposes of benevolence" – hat lieber schon die Fragestellung als falsch oder metaphysisch verworfen. Auch die juristische Dogmatik einschließlich der ihr zugeordneten Methodenlehre zieht andere Vokabeln vor. Es gilt unter Juristen als ungeschickt und etwas naiv zu sagen, eine Lösung sei „ungerecht". Dafür gibt es genug andere, technischer klingende Formeln wie

- genügt nicht den Interessen des ...
- widerspricht den Wertungen des Gesetzes ...
- widerstreitet allgemeinen Rechtsprinzipien ...
- ist dem X nicht zumutbar („unbillig") ...
- verstößt gegen Verhältnismäßigkeit ...
- gegen Treu und Glauben ...
- gegen Gleichheits-/Sozialstaatsprinzip ...
- gegen die Rechtsanschauungen der Bürger,

... usw.

127 Nicht zufällig werden diese Berufungsinstanzen, sofern gesetzlich festgelegt, **Generalklauseln** genannt. Gerechtigkeit scheint die Essenz aller Generalklauseln zu sein, und zwar unmittelbar, nicht, wie sonst im Recht, durch ausgeformte Regelungen vermittelt. Dies führt zu der Frage, ob der Gesetzgeber nicht, statt immer neue Umschreibungen der Gerechtigkeit zu erarbeiten, dort, wo ihm eine Generalklausel unvermeidbar erscheint, besser sagte:

Beachte G-Prinzip!

(These der Identität aller Generalklauseln).

---

142 *Bentham*, An Introduction to the Principles of Morals and Legislation, ed. Burns and Hart, London 1970.

Versuche, die Gerechtigkeit zu systematisieren, sind nämlich nie hinausgekommen über die Zweiteilung des *Aristoteles* in (lat. Fassung) die „iustitia commutativa" und die „iustitia distributiva"; die Gerechtigkeit des Ausgleichs und die Gerechtigkeit der Verteilung (nach *Coing* dazu noch das Schutzprinzip, die „iustitia protectiva"[143]). Um gerechten *Ausgleich* geht es bei zwei sich gegenüberstehenden Größen wie Ware und Preis, Leistung und Gegenleistung (vgl. § 138 II BGB), Schuld und Strafe, Verletzung und Schmerzensgeld („Ausgleichsfunktion"), Angriff und Verteidigung (§ 227 BGB), Streik und Aussperrung („Verhältnismäßigkeit"!), Vertragsverletzung und Kündigung. – Um gerechte *Verteilung* geht es, wenn mehrere, mindestens zwei Parteien von einer dritten Vorteile gewährt oder Lasten auferlegt bekommen (Subventionen, Steuern): die gesamte Rechtsprechung zum Gleichheits- und Gleichbehandlungsprinzip gehört hierzu (Monographie von *Canaris*). Vermutlich lässt sich jede juristische Frage, die nicht nur technisch-formaler Art ist, sondern unter allgemeinem Aspekt betrachtet sein will, als entweder Ausgleichsproblem oder Verteilungsproblem darstellen. Jedenfalls muss der Jurist oft vom alltäglichen Fall her Fragen bearbeiten wie „Was ist gleich?" oder „Was ist verhältnismäßig?", und wenn er, wie gewohnt, zum *Palandt* oder zu einem GG-Kommentar greift, geht er das Risiko ein, auf Gedanken zu stoßen, die Variationen zu Cicero oder zum heiligen Thomas von Aquin sind.

Kelsen hat in seiner Rechtslehre (Anhang: Das Problem der Gerechtigkeit) darauf bestanden, dass es bisher keine überzeugende Definition gegeben hat und wohl auch in Zukunft keine solche Festlegung geben kann. Die daraus folgende neukantianische Position ist die des *Relativismus*, den er mit Max *Weber*, Gustav *Radbruch*, Arnold *Brecht*[144] teilt. *Kelsen* formuliert,

> „daß die Entscheidung der Frage, was gerecht und was ungerecht ist, … an uns liegt … (Rechtslehre, S. 442)

Diese Einstellung hat ihre gute Tradition, schon bei *Aristoteles* finden wir zur Gleichheits- **128**
frage relativistische Züge. Es klingt sogar schon an die **Konsequenz der Demokratie**: denn nur, wenn man nicht weiß, was gerecht ist, lässt es sich vertreten, das zu realisierende Programm der schrecklich zufälligen Wahlentscheidung zu überantworten. Während der Weimarer Jahre hatte die relativistische Position es schwer, sich gegen die Wertphilosophie, das katholische Naturrecht zu behaupten: gab es nicht doch das Gute, das Wahre? Die Relativisten blieben beim Nein. Jeder habe dies für sich festzulegen. Rechtssicherheit sei ein höheres Gut gegenüber Gerechtigkeit *(Radbruch)*[145].

Das Erdbeben der Nazi-Bewegung führte zu heute noch schwer begreifbaren Verwerfungen: Wertphilosophen, die den Unwert hätten sehen müssen, fühlten sich angesprochen bis überzeugt (*Heidegger*, *Larenz*, *Forsthoff*, Strömungen der katho-

---

143 *Coing*, Grundzüge der Rechtsphilosophie, 5. Aufl. 1993.

144 *Brecht*, Politische Theorie, Ed. Tübingen 1961.

145 Der Relativismus war dem BVerfG ein wichtiges Argument 1956 im Verbotsurteil gegen die damalige KPD. BVerfGE 5, 224: „Die freiheitliche Demokratie … muss sich … zu der Auffassung bekennen, dass es im Bereich der politischen Grundanschauung eine beweisbare und unwiderlegbare Richtigkeit nicht gibt."Also: Pflicht zum Bekenntnis zum Non-Bekenntnis! So komplex ist unser philosophischer Unterbau.

lischen Naturrechtslehre um „Hochland"). Relativisten, die ja eigentlich auch diese Variation hätten tolerieren müssen, waren Gegner, einmal aus sich heraus, dann aus sicherem Instinkt der neuen Herren, die *Kelsen* und *Radbruch* gleich auf ihre Listen setzten.

Politische Katastrophen lassen sich wohl weder durch den Relativismus noch durch eine Wertphilosophie verhindern. Die Konsequenz in der Gesetzgebung der Nachkriegszeit – UNO-Charta, GG, KSZE-Grundsätze, EU-Grundrechte-Charta – war, grundlegende Rechtswerte in geltendes Recht zu transponieren. Mögen solche Werte auch nicht objektiv nachweisbar sein, und mögen einige, auch einige Philosophen *(Nietzsche!)* lieber den Dämonen folgen, es gibt genügend kluge und überzeugende Stimmen für solche Werte. Schon im frühesten Anfang stellte *Sokrates* (oben Rn. 102) qualitative Forderungen an die Gesetze, denen er gehorchen sollte.

Nämlich folgende **Forderungen**: Einmal müssten die Gesetze und Gerichtsverfahren jedem Bürger bekannt sein: *Informationsfreiheit, Öffentlichkeit*. Dann müsse jeder die Chance haben, den Gesetzgeber von besseren Gesetzen zu überzeugen: *Meinungsfreiheit*, ein Minimum demokratischer *Mitwirkung*. Schließlich müsse ein Bürger, dem die Gesetze seines Staates nicht zusagten, diesen Staat mit seiner Familie und seiner Habe verlassen dürfen: *Ausreisefreiheit*. Elementar: Das *Verbot jeder Folter*, wozu Sokrates, die Barbarei des 20. Jahrhunderts nicht ahnend, nichts sagen zu müssen vermeint hatte. Aktuell zum Thema ist der Fall *Gäfgen*[146].

Damit waren wichtige Grundrechte gedanklich vorweggenommen, die jedenfalls mit der Menschenrechtskonvention der UNO vom 16.12.1966 international anerkannt sind (*Heidelmeyer*, Hrsg., Die Menschenrechte, UTB Nr. 123). Für Europa hatten sich die Teilnehmerstaaten der Konferenz über Sicherheit und Zusammenarbeit am 1.8.1975 in Helsinki besonders verpflichtet, diese Menschenrechte zu verwirklichen. Es kann als Erfolgsstory der Menschenrechtsidee gewertet werden, dass, wie kaum noch erhofft, die kommunistischen Gewaltsysteme sich selbst aufgeben mussten. In der EU hat eine über Jahre hinweg konsequent betriebene Entwicklung zur Grundrechte-Charta (Nizza 2000) geführt, die mit dem Verfassungsvertrag von Lissabon 2007 rechtsverbindlich ist. Die Gesetzgebung der EU ist von Beginn an menschenrechtlich geprägt, besonders in der Idee von Gleichheit und Gleichbehandlung, zuerst bezogen auf den Schutz der noch nicht gleichberechtigten Frauen (Art. 119 EWG-Vertrag), dann erweitert auf den allgemeinen Schutz vor Diskriminierung (heute Art. 8 und 10 AEUV).

146 Dem damaligen Jura-Studenten waren 2002 bei seiner polizeilichen Vernehmung „unvorstellbare Schmerzen" angedroht worden, weil man hoffte, den entführten 11-jährige Bankierssohn *Jakob v. Metzler* noch lebend zu finden. Zu den Auswirkungen des so erzwungenen Geständnisses auf das Ermittlungsverfahen vgl. die Entscheidung des EGMR, NStZ 2008, 699. Das LG Frankfurt sprach dann dem bereits 2003 wegen erpresserischen Menschenraubes und Mordes zu lebenslanger Haft verurteilten *Gäfgen* im Sommer 2011 wegen der Folterandrohung ein Schmerzensgeld in Höhe von 3000 € zu, was für Empörung sorgte. In den Gerichtsverfahren musste aber die Würde des Täters, nicht die des (vermeintlich noch zu rettenden) Opfers *Metzler* bedacht werden, wollte man nicht vom ausnahmslosen Folterverbot abgehen. Hier sind wir wieder im (subjektiven) Bereich der Rechtspolitik.

Gerechtigkeit hat auch eine subjektive Komponente. Damit ist abschließend nicht die Relativität der Ansichten gemeint, sondern das Postulat an jeden Einzelnen, insbesondere an Juristen. Schon der römische Jurist *Ulpian* schrieb: 129

> Iuri operam daturum prius nosse oportet, unde nomen iuris descendat. est autem a iustitia appellatum: nam, ut eleganter Celsus definit, ius est ars boni et aequi. (Dig. 1,1,1 pr)

(= Wer Recht studieren will, muss zunächst wissen, woher das Wort Recht (ius) stammt. Das Recht ist aber nach der Gerechtigkeit (iustitia) benannt. Wie nämlich *Celsus* treffend definiert, ist das Recht die Kunst des Guten und Gerechten.). Kaiser *Justinian* hat diese Sätze nicht zufällig im 6. Jh. an die erste Stelle der Digesten (Rn. 65) stellen lassen und noch heute ziert das „ius est ars boni et aequi" viele Gerichtsgebäude. Etwas konkreter wird Ulpian im Folgenden:

> Iustitia est constans et perpetua voluntas ius suum cuique tribuendi. Iuris praecepta sunt haec: honeste vivere, alterum non laedere, suum cuique tribuere. (Dig. 1, 1, 10).

(= Gerechtigkeit ist der andauernde Wille, jedem das ihm Zustehende zukommen zu lassen. Die Lehren, Weisungen des Rechts sind diese: ernsthaft leben, niemanden schädigen, jedem das Seine zukommen lassen.). Was sonst sollte *Ulpian* mit Lehren oder Weisungen gemeint haben, wenn nicht die Forderung an jeden Einzelnen? Das was der (spätere) Jurist lernen und bedenken sollte?

Antworten auf Fragen zur Vertiefung

Die Fragen sind in erster Linie an diejenigen gerichtet, die noch ein wenig weiterdenken bzw. mehr wissen wollen. Bitte nicht als Abfrage des Gelesenen bzw. Gelernten missverstehen.

Frage 1, Rn. 6:

Justinian – die Digesten (vgl. Rn. 65); *Friedrich II.* das preußische Allgemeine Landrecht von 1794; *Napoléon* der Code von 1804 – zu allem genauer *Hähnchen*, Rechtsgeschichte, 5. Aufl. 2016.

Frage 2, Rn. 14:

Grundlegend dazu *Hähnchen*, Rechtsgeschichte, 5. Aufl. 2016 unter den entsprechenden Stichworten. Beispiele: **Gesetzespositivismus** *Bergbohm*, Jurisprudenz und Rechtsphilosophie, 1892; **Juristenrecht** am deutlichsten bei der Pandektenwissenschaft des 19. Jahrhunderts, z.B. *Savigny* (oben Rn. 66); **Richterrecht** in der Schule des amerikanischen realism, darüber *Esser*, Grundsatz und Norm, 1956, S. 20 ff., 119 ff. oder *Patterson*, Recht und Wahrheit, 1999; **Volksrecht** bei *Puchta*, Das Gewohnheitsrecht, 1828 u. 1837.

Frage 3, Rn. 35:

Nicht gerade eine Zirkeldefinition, aber eine sehr missverständliche Norm.

Frage 4, Rn. 46:

Logisch sind Verbot und Gebot gleichwertig. Wenn sie zugleich ergehen, ist nichts normiert.

Frage 5, Rn. 61:

„Erlauben" bezieht sich auf tatsächliche Handlungen, die dann nicht verboten sind; „genehmigen" bezieht sich (nachträglich) auf rechtsgeschäftliche Handlungen, die dadurch gültig werden, vgl. § 108 BGB. Auch hier also der Unterschied der Verhaltens- und der Ermächtigungsebene.

Frage 6, Rn. 63:

Nur scheinbar eine Tautologie. Das Wort „Gesetz" wird beim zweiten Auftreten schärfer akzentuiert und bekommt dadurch eine neue Identität.

Frage 7, Rn. 66:

Savigny meinte, aus den römischen Quellen zeitgenössisches Recht entwickeln zu können.

Frage 8, Rn. 84:

Dann erst recht, oder jedenfalls dann auch. „Oder" bedeutet danach hier „oder/und".

Frage 9, Rn. 84:

Sie werden sagen, normalerweise nicht und haben § 41 StGB als Argument für sich, dass dies nur eine Ausnahme sein soll, sofern der Täter sich bereichert oder dies versucht hat. Dort erfahren wir auch, dass das „oder" als „wahlweise" zu verstehen ist.

Frage 10, Rn. 95:

Die Zynismen lassen immerhin ein Bewusstsein davon durchscheinen, dass es nicht so objektiv zugeht, wie gern getan wird. Vgl. auch Rn. 18a, 49 und 96.

Frage 11, Rn. 103:

Der Aufsatz von *Radbruch* ist noch heute lesenswert und gibt – wie die in Fn. 131 exemplarisch genannte Literatur – Antworten. *Radbruch* ging es in erster Linie um die philosophischen Fragen und er stand in erster Linie auf der Seite derjenigen, die gegen Unrechtsgesetze Mut gezeigt hatten, ohne diesen Mut jedoch zwingend zu verlangen. Da *Radbruch* 1946 starb, hat er nicht mehr erlebt, welche „Formel" aus seinen Gedanken gemacht wurde.

Frage 12, Rn. 125:

Als Rhetor – der das Recht nur als Mittel zum Zweck einsetzte, wenn es für seinen Standpunkt taugte – hätte er wohl diese Aktionen verteidigt. Vgl. auch *Rogall*, Ist der Abschuss gekaperter Flugzeuge widerrechtlich? NStZ 2008, S. 1 ff.; *Pawlik*, Der Terrorist will nicht resozialisiert werden, FAZ am 25.2.2008, S. 40.

Klassiker der Rechtstheorie

Griechen

Solon (640–561 v. Chr.)
Sokrates (470–399 v. Chr.)
Platon (427–347 v. Chr.)
Aristoteles (384–322 v. Chr.)

Römer

Cicero (106–43 v. Chr.)
Seneca (4 v. Chr. – 65 n. Chr.)
Digesten (herausg: 533)

Christen

Augustinus (354–430)
Thomas v. Aquin (1226–1274)

Engländer

Thomas Morus (1478–1535)
Thomas Hobbes (1588–1679)
David Hume (1711–1776)
Jeremy Bentham (1748–1832)

Franzosen

Montesquieu (1689–1755)
Jean-Jacques Rousseau (1712–1778)
Code civil (ed. 1804)

Spanier

Francisco de Vitoria (1486[?]–1546)
José Ortega y Gasset (1883–1955)

deutsche Philosophen

Immanuel Kant (1724–1804)
Georg Wilhelm Friedrich Hegel (1770–1831)
Arthur Schopenhauer (1788–1860)
Karl Marx (1818–1883)

deutsche Juristen

Friedrich Carl v. Savigny (1779–1861)
Rudolf v. Ihering (1818–1892)

moderne Theoretiker

Max Weber (1864–1920)
Gustav Radbruch (1878–1949)
Wesley Newcomb Hohfeld (1879–1918)
Hans Kelsen (1881–1973)
Theodor Geiger (1891–1952)
Karl Engisch (1899–1990)
Theodor Viehweg (1907–1988)
Ulrich Klug (1913–1993)
Jürgen Rödig (1942–1975)

Stichwortverzeichnis

Die angegebenen Ziffern beziehen sich auf die Randnummern.

Abel 12, 19
Absolutes Recht 57
Abstraktes Normenkontrollverfahren 60
Abwägung 96
Adäquate Kausalität 73, 87
Adressat (einer Norm) 43, 55
Allgemeine Rechtslehre 17
Allgemeiner Teil 111
alternative facts 29
Altes Testament 12, 21, 42, 62
Amtsanmaßung 52 f.
Analogie 43, 49, 65
Analogieverbot 49
Anarchismus 18, 63, 101
Anerkennungstheorie 62
a.A./andere Ansicht 90, 92
Anfechtung
- allgemein 16, 38, 59
- Anfechtbarkeit 52

Anmahnung
- allgemein 56
- unberechtigte Anmahnung 56

Anspruch
- allgemein 78
- Anspruchsgrundlage 80
- Erfüllungsanspruch 81
- Herausgabeanspruch 81
- Schadensersatzanspruch 81

Anwendung
- von Gesetzen 64
- Anwendungsvorrang von Richtlinien 71

Arbeitsrecht
- Arbeitspflicht 43
- Betriebsrat 55, 113
- Betriebsrisiko 49, 73
- Direktionsrecht des Arbeitgebers 58, 114
- Gewerkschaft 115
- Globalisierung 116
- Kampfparität 73
- Lohnfortzahlung 73
- Mindestlöhne 126
- Mitbestimmung 113
- Personalrat 55
- Tarifvertrag 51, 85
- Urlaubsanspruch 43

Argument 67
Argumentation 38, 49, 95
argumentum a fortiori 49
argumentum a maiore ad minus 49
argumentum a minore ad maius 49
argumentum a simile 49
auctoritas non veritas facit legem 29
Ausgleich 127
Auslegung
- allgemein 7, 8, 25, 64
- Auslegungsmittel Treu und Glauben 65
- grammatische Auslegung 66
- historische Auslegung 66, 98
- Konflikt der Auslegungsergebnisse 71
- richtlinienkonforme Auslegung 70
- systematische Auslegung 66
- teleologische Auslegung 66
- verfassungskonforme Auslegung 70, 96
- von Testamenten 64

Ausnahme 2, 88
Ausnahmezustand 122, 125
Ausreisefreiheit 102, 128
Aussage
- allgemein 19, 40
- Aussagequadrat 40, 41, 46 f.
- Aussageverweigerungsrecht 43

Autorität 11, 109

Befreiung vom Wehrdienst 43
Befugnis 51, 59
Begriffsjurisprudenz 18, 67
Begründung 95
Beobachter und Subjektivität 15
Betriebsrat 55, 113
Betriebsrisiko 49, 73
Beweis
- allgemein 3, 9, 10, 39
- Beweislastregelung 88
- Beweislastverteilung 49

Bindung an das Gesetz 64
Brauch 23

Catilina 125
circulus vitiosus 49
civil law 64
common law 64
conclusio 47

contra legem 71
culpa in contrahendo 16

DDR 8, 28, 85, 103
Delegationskette 54
Delikt 86
Denkgesetze
– allgemein 48
– Verstoß gegen Denkgesetze 36
Definition
– allgemein 5, 19, 32, 39, 95
– Kettendefinition 35
– Legaldefinition 35
– Nominaldefinition 32
– Realdefinition 19
– verselbständigte Definition 96
– Zirkeldefinition (Wahrheit) 35, 49
de lege ferenda 97
de lege lata 97
Demokratie
– allgemein 109, 128
– direkte Demokratie 110
– freiheitliche demokratische Grundordnung 112
– Paradoxon der Demokratie 112
– repräsentative Demokratie 110
Denken
– und Subjektivität 18
– dialektisches 106
– systematisches 73
– topisches 72
Digesten 65
Diktatur 101
Direktionsrecht (Arbeitgeber) 58, 114
Dissertation 74
Dogmatik 15, 39, 98
Doppelwirkungen im Recht 38
Drakon 105
Duldungspflicht 58

eBay-Versteigerungen 69
Effektivität (Norm) 52
Eigentum 33, 57, 114, 116
Einheit der Rechtsordnung 61, 70
Einteilung der Staatsformen 109
Ehe 35
Elite 110
Eltern und Kinder 59
Empirie 39
Entdeckung, juristische 16
Entscheidung
– allgemein 91
– angelehnte Entscheidung 92
– freie Entscheidung 92 f.
Erfüllungsanspruch 81
Erkenntnis 1
Erlaubnis 43 f., 51, 56 f.
Ermächtigung
– allgemein 51, 55
– Ermächtigungsnorm 51 ff., 62, 80
– gesetzliche Ermächtigung 61
Ermordeter Haustyrann 96
Erst-recht-Schluss 49
Europäische Gemeinschaft 70
Europäischer Gerichtshof (EuGH) 71
Europarecht
– EU-Richtlinie 69 f.
– europäische Methodenlehre 70
– Mangold-Entscheidung des EuGH 71
– Umsetzungsgesetze 70
– Vorrang des Europarechts 70

Fahrlässigkeit 86
Fallbearbeitung 54
Fallbeispiele
– BGHZ 62, 39 57
– BVerfG 36, 1 25
– ermordeter Haustyrann 96
– Flugreisefall 73
– Jungbullenfall 73
– Kind als Schaden 87
– Lockvogelangebot 68
– Partnervermittlung 68
– Linoleumrolle 16
– Quelle- (Herd-Set) 70
– Schrankenwärterfall 87
– Weinhold-Fall 103
– Widerrufsrecht bei eBay-Versteigerungen 69
Fallfrage 78
Falsifikation 2
Familie 120
Fernabsatz
Flugreisefall 73
Folterverbot 125
Frauen 120, 128
freie Entscheidung 92 f.
freiheitliche demokratische Grundordnung 112
Freirechtsschule 67
Freistellung 43 f.
Freizügigkeit 103
Freund/Feind-Schema 100
Fußballregeln 23

Garantenpflicht 45
Gebot 5, 42, 44, 59, 60
Gefahr für die öffentliche Sicherheit und Ordnung 51
Gegensatz
– allgemein 40, 42
– kontradiktorischer 40, 43
– konträrer 40, 42
– negatorischer 58
Geltung
– der Verfassung 62 f.
– Geltungsproblem 52 f., 62
Generalklausel
– allgemein 7, 127
– Polizeirecht 51
Gerechtigkeit
– allgemein 12, 63, 126
Gerechtigkeitsidee 63
Gericht 11
Geschichte (Staat und Gesetzgebung) 104
Gesetz
– allgemein 1, 6, 54
– Bindung an das 64
– Anwendung 64, 98
– Interpretation 96
– Norm 25
– Gesetzesrecht 14
– Gesetzestext 89
– Gesetzgebung allgemein 13, 98
– Gesetzgebung des Drakon 105
– Gesetzgebung des Solon 105
– gesetzliche Ermächtigung 61
– Gesetzmäßigkeit der Verwaltung 61
– Gesetz und Vertrag 60
– Gültigkeit eines 62
– Wille des (historischen) Gesetzgebers 67 f.
Gestaltungsrecht 59
Gewaltenteilung 108
Gewaltmonopol 56
Gewerkschaft 115
Gleichbehandlungsrecht 24
Gleichheitsgrundsatz 70
Gleichberechtigung (der Consules) 46
Gleichgewichtsprinzip 108
Gleichheit 104, 117, 119, 120, 127 f.
Grenzgesetz (DDR) 8
Grenzsoldaten (DDR) 103
Grundgesetz
– Garantien 19, 52, 62, 70, 103, 123
– Vorrang des Grundgesetzes 70
Grund-und Menschenrechte
– allgemein 52, 112, 124, 128
– Ausreisefreiheit 128
– demokratische Mitwirkung 128
– Folterverbot 128
– Freizügigkeit 103
– Gleichheitsgrundsatz 70
– Informationsfreiheit 128
– Meinungsfreiheit 128
– Menschenwürde 19
– Religionsfreiheit 62
– Widerstandsrecht 101, 123
Grundnorm 26, 62, 124
Grundvertragsurteil (BVerfG 36, 1) 25
Gültigkeit
– eines Gesetzes 62
– eines Rechtsgeschäfts 62
– eines Verwaltungsakts 62
Gutachten
– allgemein 91
– Gutachtenstil 84
Gute Sitten 24, 107

Haustürgeschäft 68
Herausgabeanspruch 81
Hermeneutik 7
Herrschende Lehre 92
h.M./herrschende Meinung 10, 30, 90

imperare 29
individuelle Rechtsgüter 56
Informationsfreiheit 128
Inkasso-Unternehmen 56
Interpretation
– allgemein 64
– interpretatorischer Vorrang 71
Interessenjurisprudenz 67
Interessenlage 78
Intuition 15, 94
inventio 73
Irrtum 16
Islamischer Fundamentalismus 101
iustitia
– iustitia commutativa 127
– iustitia distributiva 127

Judiz 15
Judizieren contra legem 71
Jungbullenfall 73
Juristenrecht 14, 25, 64
juristische Entdeckung 16
juristischer Schluss 40, 47
Justizverweigerungsverbot 49

Kain und Abel 12, 19
Kampfparität 73
Kaufvertrag 69
Kausalität, adäquate 73, 87
Kettendefinition 35
Kind als Schaden 87
Klagerecht 56
Klammerdefinition 35, 111
Kollisionsregeln 52, 60, 65
Kommentierung
– allgemein 6, 7
– Kommentierungsverbot 6
Kommunismus 117
Kompetenz
– allgemein 51
– Kompetenzregelung 58
Konflikt der Auslegungsergebnisse 71
Kontext 65, 88
Kriminalsoziologie 119
Kritik 8
Kündigungsrecht 59
Kybernetik 13

Legaldefinition 35
Legalitätsprinzip 125
legal realism 39
Legitimationsschwäche 63
Leistung 56
lex
– allgemein 1, 22, 65
– lex ferenda 97
– lex lata 97
– lex minus quam perfecta 53
– lex superior derogat legi inferiori 52, 70
– perfecta lex 53
Liberalismus 104, 112
Linoleumrolle 16
Lockvogelangebot 68
Logik 7, 40
Lohnfortzahlung 73
Lücke im Gesetz 7, 49, 71

Macht
– Eigentum und Macht 119
– Gorgonenhaupt der Macht 99
– Machttheorie 62
– Macht und Recht 58
– Wille zur Macht 97
Mangold-Entscheidung des EuGH 71
Mauerschützen (DDR) 103
Mehrdeutigkeit 72
Meinung
– herrschende Meinung 10, 90
– Meinungsfreiheit 128
– Meinungskampf 9
– Meinungsstreit 90
– öffentliche Meinung 12 f.
Menschenrechte 128
Menschenwürde 19
Methodenlehre, europäische 70
Methodologischer/methodischer Nihilismus 72, 98
Mindestlöhne 126
Misstrauensvotum 55
Mitbestimmung 113
Mitwirkung (Demokratie) 128
Moral
– allgemein 23 f.
– Moralgesetze 17
Mordmerkmal 96
Motive 25

Nationalsozialismus 28, 63
Natur 28
Naturgesetz 1 ff.
Naturrecht 12, 28, 128
Negation
– allgemein 40, 45
– doppelte Negation 40
– negatorischer Gegensatz 58
Nichtigkeit
– eines Rechtsgeschäft 38, 52
– eines Vertrages 68
Nihilismus, methodologischer/ methodischer 72, 98
Nominaldefinition 32
Nomos 1
Norm
– allgemein 19, 21
– Effektivität der Norm 52
– Ermächtigungsnorm 51 ff., 62, 80
– Grundnorm 26, 62, 124
– Logik der Norm 40
– Normbegünstigter 51, 56
– Normenhierarchie 70
– Normenkontrollverfahren, abstraktes 60
– Normenquadrat 42, 44, 46
– Normerkenntnis 29
– Normsetzungsbefugnis 57
– Normstruktur 23
– Normstufe 52

- Normtypen 42, 46
- Normzweck 87
- Rechtsnorm 19, 20, 25
- Stufenbau von Normen 54
- Ur-Norm 42
- Verbotsnorm 43
- Verhaltensnorm 21, 50 ff., 59

Normativer Schadensbegriff 87
Notstandssituation 42
Notwehr 57
nulla poena sine lege 22, 125
nullum crimen sine lege 22
Nutzungsersatz 70

Objektive Theorie 67
Objektivierung 95
oder (Verknüpfung) 85
Öffentliche Meinung 12 f.
Öffentliche Sicherheit und Ordnung (Gefahr) 51
Öffentlichkeit 128
Offenbarungstheorie 62
ordre public 103
Organisationsvorschriften 55

Palandt 90
Paragraphen-Kette 88
Partnervermittlung 68
perfecta lex 53
Personalrat 55
petitio principii 49
petitum 78
Pflicht 51, 56
planwidrige Gesetzeslücke 71
political correctness 24, 107
Politologie 97
Polizeirecht
- allgemein 51
- Generalklausel 51
- polizeiliche Verfügung 51

Positivismus 63, 67, 103
- Positivisten 96

Präambel 25
Prämisse 47
princeps legibus solutus 124
Privatautonomie 60
Privateigentum 117
Prostitution 107
Prozess des Sokrates 102
Prüfungsaufbau (Delikt) 86
Prüfungsreihenfolge der Anspruchsgrundlagen 81

Quart, Savignysche 66, 95
Quelle-Entscheidungen 70

Radbruchsche Formel (unrichtiges Recht) 103
ratio legis 66
Rauchverbot 107
Realdefinition 19
Recht, vorkonstitutionell 70
Rechtsanschauung 14
Rechtsanwendung 103
Rechtsdogmatik 10, 13, 15, 17, 39
Rechtsfolge
- allgemein 21, 80, 83, 86
- Rechtsfolgeanordnung 19 f.
- Rechtsfolgeunterschied 53

Rechtsfortbildung 8, 49, 67, 71, 74, 91
Rechtsgefühl (richtiges Recht) 12, 15
Rechtsgeschäft
- allgemein 32
- Gültigkeit eines Rechtsgeschäfts 62
- Nichtigkeit eines Rechtsgeschäfts 38, 52

rechtsgrundlose Leistung 24
Rechtsgüter 56
Rechtskraft 11
Rechtslehre 17
Rechtsnorm 19, 20, 25
Rechtsordnung
- allgemein 25
- Einheit der Rechtsordnung 61, 70
- Stufenbau der Rechtsordnung 50, 57, 61, 63

Rechtspflicht 56
Rechtsphilosophie 126
Rechtspolitik 97
Rechtsprechung 13
Rechtsregel 17
Rechtsquelle 6
Rechtssicherheit 128
Rechtsstaat 121
Rechtstheorie 17
Rechtsverbindlichkeit 23, 61
Rechtsverweigerungsverbot 49
Rechtswidrigkeit
- allgemein 22
- Rechtswidrigkeitszusammenhang 87

Rechtswirkung 32
Rechtswissenschaft 5, 9, 39, 63, 97
Recht und Macht 58
Redaktionsversehen 67
Reduktion 67
Regel 88

Regelung
- Kompetenzregelung 58
- Verhaltensregelung 58

Reihenfolge der Tatbestandsmerkmale 86
Reine Rechtslehre 17
Relativismus 127
Religionsfreiheit 62
Repräsentative Demokratie 110
Restriktion 8, 67, 96
Rhetorik 49, 96
Richter
- allgemein 39
- richterliche Unabhängigkeit 93
- Richterrecht 14, 25, 64, 71

Richtiges Recht (Rechtsgefühl) 12, 15
- Abwägungen 18a
- Richtigkeit 18a
- Schemata 84
- Wahrheiten 18a
- Wertungen 18a

Richtlinienkonforme Auslegung 70
Rückforderung bei rechtsgrundloser Leistung 24

Sachenrecht 57
Sanktion 21, 23, 52
Savignysche Quart 66, 95
Schadensbegriff, normativer 87
Schadensersatz
- Anspruch 81
- Pflicht 21, 52

Scheidung (Ehe) 35
Scherzerklärung 53
Schluss
- allgemein 47
- juristisch 49
- Schlussfehler 49

Scholastik 122
Schrankenwärterfall 87
Schuldprinzip 35
Selbstbedienungsladen 60
Selbsterkenntnis 94
Selbsthilfe 56
Sexualität 107
Sklave 55
Sinn 65
Sitte (Tradition) 23
Sittenwidrigkeit 68, 107
Sokrates 102
Sollen 12, 26, 43, 48, 80
Solon 105
Souveränität 112
Sphäre 73
Spielregel 23
Sprache 7
Staatsformen und Staatsverständnis
- Absolutismus 124
- Anarchismus 18, 63, 101
- Demokratie 109, 128
- Diktatur 101
- Einteilung der Staatsformen 109
- islamischer Fundamentalismus 101
- Kommunismus 117
- Suche nach der richtigen Staatsform 121

Steuern 127
Strafe 52
Streitfrage 9
Strichzeichnung 76
Studiengebühren 43
Stufenbau
- von Normen 54, 70
- der Rechtsordnung 50, 57, 61, 63

Subjektives Recht 51, 56
Subjektive Theorie 67
Subjektivität
- des Beobachters 15
- des Denkenden 18
- der Entscheidung 93

Subsumtion 48, 64, 80
Subvention 127
Syllogismus
- allgemein 37, 47
- juristischer Syllogismus 48

systematisches Denken 73

Täuschung 16, 68
Tatbestand
- allgemein 21, 83
- Tatbestandsmerkmal 21, 86

Tausch 61
Tarifvertrag 51, 85
teleologische Extension 49
teleologische Restriktion 49
Testament (Auslegung) 64
Theorie
- allgemein 1, 4, 95
- Anerkennungstheorie 62
- Theorie der Grundnorm 63
- Machttheorie 62
- objektive Theorie 67
- Offenbarungstheorie 62
- subjektive Theorie 67
- Zertitätstheorie 29, 39

Tiere 83

Todesstrafe 125
Tötungsverbot 19, 21, 42
Topik
– allgemein 87
– topisches Denken 72
– topisches Erfinden 95
topos 72
Treu und Glauben 65
turpitudinem suam allegans nemo auditor 38
Tyrann 112
Tyrannei 123

ultra posse nemo obligatur 27
Umkehrschluss 49
Umsetzungsgesetze 70
Unabhängigkeit des Richters 93
ungeschriebene Tatbestandsmerkmale 67
und (Verknüpfung) 85
Unmöglichkeit 27
Unrecht
– allgemein 8
– Unrechtsgesetz 8
unrichtiges Recht (Radbruchsche Formel) 103
Unterlassen
– allgemein 45
– echtes Unterlassungsdelikt 56
Unwirksamkeit 52, 55
Urlaubsanspruch 43
Ur-Norm 42
Urteil
– Urteilsgründe 95
– Urteilsstil 84
utilitas 65

Verbannung 125
Verbindlichkeit, rechtliche 61
Verbot
– allgemein 5, 42 ff., 60
– Verbot des Judizierens contra legem 71
Verbraucher
– allgemein 68, 69, 71
– Verbraucherschutz 69, 70
– Verbraucherverband 70
– Verbrauchsgüterkaufrichtlinie (EU) 69, 70
Verbrechen 86
Verfassung
– allgemein 54, 121
– Geltung der Verfassung 62, 63
– Verfassungsänderung 122
– verfassungskonforme Auslegung 70, 96
Verhältnismäßigkeit 73
Verhalten 19
– Verhaltensnorm 21, 50 ff., 59
– Verhaltenspflicht 51, 55
– Verhaltensregelung 58
Verjährung 43
Verknüpfung (und/oder) 85
Verordnung 54
Verrichtungsgehilfe 85
Verschwörung des Catilina 125
verselbständigte Definition 96
Versprechen 61
Verteilung 127
Vertrag
– allgemein 15, 20, 60 f., 64
– Nichtigkeit eines Vertrages 68
– Vertragsverhandlung 16
– Vertragsschluss 33
– Vertrag und Gesetz 60
Verwaltungsakt
– allgemein 20, 54
– Gültigkeit eines Verwaltungsakts 62
Verweisung 19
Verwerfungskompetenz 70
Volksbegehren 112
Volksgericht 110
Volksrecht 14
vorkonstitutionelles Recht 70
Vorrang
– der Anwendung von Richtlinien 71
– des Gesetzes 61
– interpretatorischer Vorrang 71
Vorsatz 86
Vorurteil 15

Wahrheit
– allgemein 29 ff., 35
– D-Wahrheit 32, 39
– dogmatische Wahrheit 39
– E-Wahrheit 39
– L-Wahrheit 36, 39
– Wahrheitsbegriff 31
– Wahrheitswert 29
Wandel der Rechtsanschauung 14
Wechselwirkungsmodell 13, 97
Weinhold-Fall 103
Wehrdienst, Befreiung 43
Werte 128
Wertung 18, 49, 96
Wertungswiderspruch 67

Wettbewerbsverbot 60
Widerrufsrecht 68
Widerspruch
– in der Argumentation 38
– im Gesetz/in der Norm 7, 27, 48
– in der Logik 36, 37
Widerstandsrecht 101, 123
Wiedervereinigung 123
Wille
– des (historischen) Gesetzgebers 67 f., 99
– methodologischer Begriff 99
Willenserklärung 32 f., 64
Wohnungsmiete 85
Wortlaut 65
Wortlautgrenze 67
Würde des Menschen 19

Zerrüttungsprinzip 35
Zertitätstheorie 29, 39
Zirkeldefinition (Wahrheit) 35, 49
Zivilrechtstheorie 56
Zurechnung 73
Zweck
– allgemein 65, 87
– methodologischer Begriff 99
Zweideutigkeit 65